ÉDUCATION DES ENFANTS

DEVOIRS DE L'HEURE PRÉSENTE

PAR

M. l'abbé P. HOGUET

Docteur en théologie,

Professeur au grand Séminaire d'Arras.

PARIS

5 RUE BAYARD, 5

IMP. P. FERON-VRAU, 3 ET 5, RUE BAYARD, PARIS. VIIIe.

BROCHURES D'ACTUALITÉ

SÉRIE A 0 FR. 25.

Le Franc-Maçon, voilà l'ennemi, par Mgr Delamaire, évêque de Périgueux. — Une brochure de 64 pages, (*187e mille*).

L'unité, **0 fr. 25**; *port*, **0 fr. 05**. *Le cent*, **10 francs**. *Le mille*, **60 francs**.

Réquisitoire apparemment dur, mais toujours juste qui démasque le complot ourdi dans les Loges et rattache à leur perpétration les maux actuels de notre pays.

L'Ame alsacienne, par René Bazin, de l'Académie française. — Une brochure de 32 pages (*10e mille*).

Rappeler au souvenir des Français les souffrances et l'attachement de l'Alsace, c'est les consoler de leurs propres infortunes. L'auteur des *Oberlé était tout désigné pour nous apporter* ce précieux réconfort.

Le Clergé et la Politique, par Jean Lefaure. — Une brochure de 50 pages (*4e mille*).

L'opportunité de cette brochure apparaîtra manifeste aux yeux de ceux qu'intéresse l'ardente controverse des rapports du clergé avec le pouvoir.

M. Thalamas contre Jeanne d'Arc, par le R. P Ayroles, S. J. — Une brochure de 24 pages, avec préface de M. Eugène Veuillot (*3e mille*).

Réponse d'un savant aux injures vomies contre la douce héroïne lorraine par un professeur de l'Université.

L'Éducation des enfants, *Devoirs de l'heure présente*, par l'abbé P. Hoguet, professeur au Grand Séminaire d'Arras. — Un volume de 96 pages. *Prix*, **0 fr. 25**; *port*, **0 fr. 10**.

« Que les pères et mères de famille lisent ce que vous avez écrit et suivent vos conseils. Que les maîtres et maîtresses sachent l'étendue de leurs responsabilités et n'encourent pas les menaces de l'Evangile contre ceux qui troublent l'âme des petits. » (Mgr Williez, *Lettre à l'auteur*.)

5, RUE BAYARD, PARIS, VIIIe.

L'ÉDUCATION DES ENFANTS

L'ÉDUCATION DES ENFANTS

DEVOIRS DE L'HEURE PRÉSENTE

PAR

M. l'abbé P. HOGUET

Docteur en théologie,

Professeur au grand Séminaire d'Arras.

PARIS

5, RUE BAYARD, 5

IMPRIMATUR

Parisiis, die 9 julii 1906.

P. Fages, *vic. gen.*

A

Sa Grandeur

Monseigneur Alfred WILLIEZ

Évêque d'Arras, Boulogne et Saint-Omer.

HOMMAGE

De profonde vénération et de filial dévouement.

LETTRE DE MGR L'ÉVÊQUE D'ARRAS

ÉVÊCHÉ
D'ARRAS

Arras, le 10 juin 1906.

MONSIEUR L'ABBÉ,

Vous avez bien voulu répondre à mon désir en publiant sur l'*Education des Enfants* une série d'articles pleins de doctrine, aboutissant aux plus sérieuses conclusions pratiques et fort remarqués.

Les lecteurs de la *Semaine religieuse* ne doivent pas être les seuls à bénéficier de ce savant travail. La question sur laquelle il projette des clartés est peut-être la plus grave à l'heure actuelle. Rien ne sera perdu définitivement, si l'esprit et le cœur des enfants ne sont pas gâtés par l'école. On rétablit les édifices détruits, on rappelle de l'exil, on rend les libertés ravies. Mais il n'y a plus rien à faire dans une maison contenant des enfants mal élevés, chez un peuple qui a banni l'idée de Dieu et laissé sans appui les obligations de la morale.

Que les pères et les mères de famille lisent ce que vous avez écrit et qu'ils suivent vos conseils. Que les maîtres et les maîtresses sachent l'étendue de leurs responsabilités et n'encourent pas les menaces de l'Évangile contre ceux qui troublent l'âme des petits. Que tout homme, détenteur d'une portion de l'autorité, médite son devoir et l'accomplisse.

Le temps est venu d'affermir son caractère et de se souvenir qu'en face d'un grand péril commun il n'est licite à personne de se cantonner dans l'abstention ou de fléchir sous le poids d'intérêts égoïstes.

Je vous remercie, cher Abbé, et vous renouvelle l'expression de mes sentiments affectueux.

† Alfred,

Évêque d'Arras, Boulogne et Saint-Omer.

L'ÉDUCATION DES ENFANTS

CHAPITRE PREMIER

PRINCIPES GÉNÉRAUX

Nous assistons en ce moment à une lutte qui est bien la plus angoissante que l'on puisse imaginer. L'école est aujourd'hui un champ de bataille, et l'enjeu de ce combat n'est rien moins que l'âme de l'enfant, le salut de la société et l'avenir de la patrie. Il ne faut pas s'y tromper, du reste : cette lutte, c'est l'éternel combat entre les deux cités, la cité du bien et la cité du mal, la cité chrétienne et la cité antichrétienne.

Tel est bien l'aspect de la question. Deux forces sont en présence, avec des ressources variées et inégales, et chacune a son système d'éducation qu'elle s'efforce d'appliquer et de faire prévaloir.

L'une — c'est la cité de Dieu — parait faible et impuissante, au point de vue humain; mais elle a pour elle la force d'En-Haut, la charité et la foi de ses fidèles, son histoire, qui est l'histoire même de la civilisation. Son but, c'est de façonner des hommes et des chrétiens, d'apprendre à tous ce qu'ils doivent à César et ce qu'ils doivent à Dieu, de relever l'homme au-dessus de sa nature et de le faire vivre du surnaturel.

L'autre — c'est la cité du mal — se présente avec l'appui de la puissance humaine, au point de se confondre parfois avec elle : tout ce qui, aux yeux de la raison, semble devoir assurer le succès paraît être son partage. Son but, c'est de déchristianiser la société, d'anéantir l'idée même de Dieu et de la religion, de reléguer l'homme dans l'état de nature. Ennemie éternelle de la première cité, elle a, cette fois, porté la lutte sur le terrain fondamental et sur le point essentiel.

« Si Marc-Aurèle, dit Renan, au lieu d'employer les lions et la chaise rougie, eût employé l'école primaire et l'enseignement d'Etat rationaliste, il eût bien mieux prévenu la séduction du monde contre le surnaturel chrétien. »

Aujourd'hui, le but est avoué; à un libéralisme menteur a succédé un radicalisme éhonté; à l'école neutre et mensongère succède peu à peu l'école impie et antireligieuse.

Qui ne voit la souveraine importance de cette question? Dans cette lutte décisive, tous doivent prendre position et les catholiques doivent remplir leur devoir jusqu'au bout. Pour le remplir, il faut le connaître. La cité chrétienne a son système d'éducation qui doit aboutir au but qu'elle se propose. Il faut que ses membres en soient pénétrés et l'appliquent. Rien ne serait plus funeste à l'Église si les fidèles se laissaient gagner peu à peu et comme insensiblement au système d'éducation de la cité antichrétienne.

Nous avons voulu, dans cet opuscule, travailler à faire disparaître cette confusion. Nous avons essayé de dégager la doctrine de l'Église, puisée dans les documents du magistère authentique, et nous avons voulu dire aux catholiques les devoirs que l'Église impose à chacun d'entre eux et les services qu'elle attend de ses fils afin que soit vaincu le péril scolaire.

Rien de plus opposé, du reste, que le système d'éducation des deux cités. Pour la cité antichrétienne, ni la famille ni l'Église n'ont de droits sur l'enfant, ou bien ces droits sont tellement affaiblis qu'ils deviennent une dérision. C'est à l'État qu'il appartient d'organiser l'éducation et l'instruction; c'est à lui d'assurer l'unité morale du pays, et cette unité, il l'assurera par une éducation athée en brisant les droits de la famille et de l'Eglise. C'était bien là la doctrine des philosophes du XVIIIe siècle et de la Révolution. Peu à peu elle passe dans les mœurs et dans les lois.

« Je prétends, dit La Chalotais, revendiquer pour la nation une éducation qui ne relève que de l'État, parce qu'une nation a un droit inaliénable et imprescriptible d'instruire ses membres, parce que les enfants de l'Etat doivent être instruits par l'Etat. »

« La patrie seule, dit Robespierre, a le droit d'élever les enfants; elle ne peut confier ce dépôt à l'orgueil des familles ni aux préjugés des particuliers. »

Et Gambetta disait dans le même sens :

« L'État est le tuteur des hautes études, le gardien de l'idéal, le savant qui enseigne tous les enfants de la patrie. »

L'Église n'est pas mieux traitée que la famille; et la doctrine du jour se résume dans ces deux propositions condamnées par Pie IX :

« Des catholiques peuvent approuver un système d'éducation en dehors de la foi catholique et de l'autorité de l'Eglise, et qui n'ait pour but que la connaissance des choses purement naturelles et la vie sociale sur cette terre. » (1)

« La bonne constitution de la société civile demande que les écoles populaires ouvertes aux enfants du peuple de toutes les classes, et qu'en général les institutions publiques destinées aux lettres, à une instruction supérieure et à une éducation plus élevée de la jeunesse, soient affranchies de toute autorité de l'Eglise, de toute influence modératrice et de toute ingérence de sa part,

(1) *Syllabus*, Propos. 48.

et qu'elles soient pleinement soumises à la volonté de l'autorité civile et politique, pour être tenues au gré des gouvernants et suivant la règle des opinions générales de l'époque. » (1)

Il n'en fut pas toujours ainsi. Il fut un temps où les États savaient qu'en travaillant elle-même à former la jeunesse, c'est au bien de la société que travaillait l'Église ; en conséquence, ils lui abandonnaient presque complètement cette tâche et l'aidaient de tous leurs pouvoirs. On connait les encouragements donnés par Charlemagne, Louis le Débonnaire et leurs successeurs aux écoles catholiques. On trouverait dans l'histoire de France des milliers de vœux semblables à celui que présentaient les députés des États de 1583, demandant que « dans tous les bourgs et même les villages, les évêques instituassent un maître précepteur d'école pour instruire la jeunesse » (2). Thiers lui-même ne disait-il pas avec l'humour qui le caractérisait :

« Si l'école devait toujours être tenue par le curé et son sacristain, je serais loin de m'opposer au développement des écoles pour les enfants du peuple. »

Les choses ont changé : l'État est devenu défiant vis-à-vis de l'Église comme vis-à-vis de la famille, et il a apporté à la cité antichrétienne et à son système d'éducation l'appui de sa force et de ses impôts.

La cité chrétienne a une conception toute différente de l'éducation. Elle fait reposer le travail et le régime éducateur non plus sur l'État, mais sur la double et indivisible base de la famille et de l'Église.

Rappelons, en effet, qu'il existe dans l'homme une double vie : l'une naturelle et purement humaine, issue des forces de la nature ; l'autre surnaturelle et divine, issue de la grâce et devant aboutir à la gloire. Le développement harmonieux de cette double vie forme l'être

(1) *Syllabus*, Propos. 47.
(2) Voir Albain, *L'Instruction primaire en France avant la Révolution*, p. 205 et s.

humain complet tel que Dieu l'a voulu, et c'est l'œuvre de l'éducation.

« Le rôle de l'éducation, disent les Pères du Concile de Saint-Louis (1858), c'est de cultiver et de diriger toutes les facultés de l'esprit, de gouverner toutes les affections de l'âme, de façon à former le caractère et les mœurs et de faire des hommes et des chrétiens. » (1)

Or, c'est à celui qui a donné naissance à une chose qu'il appartient de la mener à sa perfection : *Ejusdem est rem producere et ei perfectionem dare* (2). Dès lors, nous pouvons résumer toute la doctrine de l'Église sur les agents de l'éducation en ces quelques propositions qui mettent en lumière les responsabilités de chacun :

1° *La famille a le droit et le devoir de développer dans ses enfants la vie naturelle sous toutes ses formes, c'est-à-dire qu'elle est chargée de l'éducation physique et intellectuelle de l'enfant.*

En effet, la famille est l'instrument choisi par Dieu pour donner cette vie : c'est à elle qu'il appartient de la développer. Ce droit et ce devoir, le Code civil le reconnaît à la famille :

« Les époux contractent ensemble, par le fait seul du mariage, l'obligation de nourrir, entretenir et élever leurs enfants. » (Art. 203.)

Et l'Église proclame cette même doctrine par la bouche de Léon XIII :

« Dans ces devoirs qui dérivent de la génération même des enfants, que les parents sachent qu'il y a, de par la nature et la justice, autant de droits, et que ces droits sont de telle nature qu'on n'en peut rien délaisser soi-même, ni rien en abandonner à quelque puissance que ce soit, attendu qu'il n'est pas permis à l'homme de

(1) *Litteræ pastorales*, Conc. prov. *S.-Ludovici* II, a. 1858. — Coll. Lac., t. III. col. 1192.
(2) S. Thomas, *Somme théologique*, I^a p., q. c. III, a. 5.

délier une obligation dont l'homme est tenu envers Dieu. » (1)

2° *L'Église a le droit et le devoir de développer chez l'enfant la vie surnaturelle et divine, c'est-à-dire de pourvoir à son éducation surnaturelle.*

L'Église, en effet, est l'organe institué par Dieu pour donner la vie divine et en assurer le développement par la diffusion de la doctrine et la dispensation des sacrements. Les évêques belges rappelaient en ces termes, en 1878, l'autorité exclusive de l'Eglise sur l'instruction et l'éducation religieuses :

« C'est à l'Église seule, disaient-ils, qu'est dévolue cette haute mission, et par conséquent c'est à elle seule qu'il appartient de choisir et d'employer les moyens de l'accomplir; c'est à elle notamment qu'il appartient de déterminer la matière de l'instruction religieuse, le mode de l'enseigner; c'est à elle qu'il appartient de désigner les aides qui lui sont nécessaires pour accomplir cette sublime charge, de leur donner une participation à son autorité doctrinale..... C'est à elle, en un mot, qu'appartient de droit divin la direction et la surveillance de l'éducation religieuse; et personne, prêtre ou laïque, ne peut s'immiscer dans ce ministère, s'il n'a reçu une délégation expresse et s'il ne se soumet à son contrôle. »

3° *La famille catholique a reçu de l'Église et de Dieu la mission de développer dans la mesure où elle le peut la vie surnaturelle elle-même.*

Jésus-Christ, en élevant le baptême à la dignité de sacrement, l'a ordonné au bien général de l'Eglise et a fait en quelque sorte des époux chrétiens « les ministres de Jésus-Christ et les aides de l'Eglise à l'égard de leurs propres enfants ».

« Aussi, dit Dom Benoît, les parents, après avoir présenté leurs enfants au baptême, les reçoivent de l'Eglise

(1) Enc. *Officio sanctissimo.*

avec la charge de faire leur éducation chrétienne; et ainsi, l'éducation surnaturelle, qui appartient premièrement à l'Eglise, appartient aux parents secondairement, mais essentiellement : secondairement, par une extension des droits et des devoirs de l'Eglise; essentiellement, parce que cette participation à l'autorité de l'Église est une suite de la constitution même de la famille chrétienne fondée sur le sacrement de mariage. » (1)

4° *Cette éducation surnaturelle donnée par la famille y est donnée sous l'autorité et la surveillance de l'Église; et cette surveillance de l'Église s'étend sur l'éducation et l'instruction naturelle elle-même dans la mesure où elle est en rapport avec l'éducation surnaturelle.*

La première partie de cette proposition résulte de ce que la famille ne donne l'éducation surnaturelle que par suite d'une délégation de l'Église; la seconde provient de ce que la grâce se greffe sur la nature et que l'instruction et l'éducation naturelle ne doivent pas nuire à l'éducation et à l'instruction surnaturelle, mais au contraire les servir et les favoriser.

5° *L'école n'est qu'un instrument entre les mains de la famille et de l'Église, qui conservent sur elle le droit de surveillance, et qui ne sont pas dégagées par elle de leur responsabilité.*

L'école est essentiellement un organisme instrumentaire; elle n'arrive qu'au troisième plan à titre d'auxiliaire plus ou moins nécessaire et en tout subordonné à la famille et à l'Église. Les deux agents primordiaux de l'éducation ne peuvent se décharger sur elle de leur responsabilité et ils doivent pouvoir y exercer leur autorité légitime.

6° *Gardien des droits de chacun, l'État doit seconder l'exercice du droit de la famille et de*

(1) Dom Benoit, *Les Erreurs modernes*, t. Ier, p. 155.

l'Église. Il peut intervenir dans l'école et surveiller l'éducation et l'instruction, l'organiser même au besoin dans la mesure où le réclame le bien public dont il a la charge, mais sans léser les droits de la famille et de l'Église.

Par conséquent, l'État n'est pas un agent de l'éducation. Il n'y doit concourir que dans la mesure où le réclame le bien public. Il pourra donc enseigner parfois, mais il ne saurait monopoliser l'enseignement. Il respectera les droits de l'Église et de la famille, qu'il doit protéger et non détruire. Mgr Taché, archevêque de Saint-Boniface, exprimait par cette heureuse formule les devoirs de l'État vis-à-vis des droits de la famille :

« L'État doit respecter le domaine qu'ont les parents sur ceux que le ciel leur a confiés et les laisser s'acquitter des devoirs qu'il leur a imposés. » (1)

Une semblable formule s'applique aux devoirs de l'État vis-à-vis des droits de l'Église.

C'est à la lumière de ces principes que nous expliquerons successivement les devoirs des parents, des maîtres, des curés, des confesseurs, des fidèles.

(1) Dom Benoit, *Vie de Mgr Taché*, t. II, p. 678.

CHAPITRE II

DEVOIRS DES PARENTS

Un jour saint Augustin, s'adressant aux pères de famille qu'il apercevait dans son auditoire, leur disait :

« C'est pour le Christ et pour la vie éternelle que vous devez avertir, enseigner, exhorter, réprimander, corriger ceux qui dépendent de vous. Par là vous exercerez dans votre maison une sorte de ministère ecclésiastique et épiscopal; vous serez les ministres du Christ et vous mériterez d'avoir une part éternelle dans son royaume. » (1)

Cette sublime dignité des parents chrétiens leur a été conférée par le mariage qui en a fait des « aides de Dieu » dans la formation naturelle et surnaturelle de l'enfant. Nous disons bien les « aides de Dieu ». Le premier, en effet, et le grand agent de l'éducation des chrétiens, c'est l'Esprit-Saint; c'est lui qui façonne les âmes : la famille et l'Église sont ses instruments et ses aides. Dans le Baptême et le Mariage, l'Esprit-Saint a renfermé le principe des obligations qu'il impose aux parents chrétiens et il y a joint les grâces qui en facilitent l'accomplissement : dans le Baptême, la Confirmation et l'Eucharistie il vient lui-même travailler à cette grande œuvre de l'éducation de l'enfant.

Comment les parents chrétiens se montreront-ils de dignes coopérateurs de Dieu?

Nous devons rappeler ici ce que nous avons déjà exposé dans le premier chapitre : L'éducation de l'en-

(1) S. Aug., *Tract.* 51 *in Joan*, n° 13.

fant est pour la famille un droit inaliénable et un devoir sacré autant qu'imprescriptible. Aucune autorité ne peut ravir cette fonction à la famille et partout où se donne l'éducation la responsabilité du père et de la mère est engagée.

Souvent, pour accomplir son devoir, la famille aura recours à l'école, mais son autorité et sa responsabilité ne seront pas pour cela interrompues ou aliénées.

Jamais la famille ne devra se séparer de l'enfant et remettre complètement à d'autres le soin de son éducation; elle est l'instrument éducateur voulu par Dieu et son influence ne peut être remplacée.

« Il y a des assises souterraines qui portent l'édifice de la moralité d'une vie, dit Mgr d'Hulst, et ces assises, les parents seuls ont la mission de les poser. » (1)

Jamais, par conséquent, l'éducation à l'intérieur de la famille ne devra être complètement supprimée. Mais, là, dans cet intérieur même, si la famille peut se passer de l'école, elle ne peut jamais se passer de l'Eglise qui, conjointement avec elle, a un droit d'éducation sur l'enfant. Ces notions nous permettront de préciser les devoirs des parents.

§ I. — L'éducation dans la famille.

Avant même de lui avoir donné naissance, une mère a des devoirs vis-à-vis de son enfant. Notre but n'est pas d'y insister, mais seulement de le rappeler. Une chrétienne, du reste, les connait et les remplit.

Prenons donc l'enfant à partir de sa naissance pour préciser ses droits et les devoirs de ses parents.

1° *Les parents doivent procurer à leurs enfants la grâce du Baptême dans le plus bref délai possible.*

« Aimez vos enfants, disait saint Augustin, non seu-

(1) Conférences de Notre-Dame : *La famille*, 4e conférence.

lement en leur procurant le bienfait de la naissance terrestre, mais celui de la régénération spirituelle; car vous les faites naitre pour le malheur si vous ne les faites renaitre pour la vie. » (1)

Constitués par leur mariage gardiens de la vie surnaturelle de l'enfant, la première obligation des parents est de lui procurer cette vie par le Baptême.

2° *Ils les présenteront aux catéchismes, à la réception des sacrements de Pénitence, de Confirmation et d'Eucharistie avec le plus d'empressement qu'ils pourront et dès que l'Église jugera à propos de les admettre.*

Ceci n'est qu'une conséquence des principes que nous avons exposés plus haut sur les devoirs des parents et les droits de l'Église.

En agissant ainsi les parents permettront à l'Esprit-Saint d'opérer dans l'âme de l'enfant son travail éducateur et sanctificateur.

3° *Les parents devront s'efforcer de développer la vie physique et surnaturelle de l'enfant d'après les règles d'une saine éducation.*

Ce devoir de l'éducation est essentiel à la famille, mais il ne comprend pas seulement le développement de la vie physique et naturelle, il comprend aussi le développement de la vie surnaturelle et divine. Léon XIII le rappelait dans son Encyclique *Officio sanctissimo*.

« Que les parents considèrent donc, dit-il, qu'ils ont une grande charge de protection envers leurs enfants, mais bien plus grande encore à l'égard de cette vie supérieure et plus excellente des âmes à laquelle ils doivent les former. » (2)

(1) *Diligatur proles non ut nascatur tantum verum etiam ut renascatur; nascitur namque ad pœnam nisi renascatur ad vitam.* (S. Aug., *De nuptiis et concupiscentiis*, l. I, c. XVII).
(2) Enc. *Officio sanctissimo*.

Ainsi parlait aussi le Concile d'Aix, tenu en 1850 :

« Si le père et la mère ont des droits vis-à-vis de leurs enfants, dit le Concile, ils ont en échange des obligations inviolables à remplir à leur égard. Les considérant comme une bénédiction du ciel et un dépôt sacré que Dieu leur a confié, qu'ils se rappellent leurs obligations et qu'ils comprennent qu'ils doivent leur fournir tout ce qui est nécessaire au bien de l'âme et du corps; qu'ils sachent leur obligation de les former en particulier à la piété et à l'honnêteté, et le devoir qui leur incombe de mettre à leur disposition, dans la mesure du possible, tout ce qui conduit à la félicité de la vie présente et de la vie future. » (1)

Aussi saint Paul affirme que la veuve à qui reste la responsabilité d'une famille ne fera l'œuvre de Dieu que « si elle élève bien ses enfants » (2).

Dans la même épître à Timothée, il déclare que la femme sera sauvée par la génération des enfants, mais si ces enfants persévèrent dans la foi, dans la charité, dans la tempérance, dans la sainteté (3).

Aussi les Pères du concile de Bordeaux, tenu en 1850, déclarent-ils que les parents qui négligeraient ce devoir pourraient difficilement commettre un péché plus grave contre la religion, la société et la nature (4). C'est du reste la doctrine de saint Jean Chrysostome qui affirmait que la négligence dans l'éducation des enfants était le « plus grand de tous les péchés, celui qui occupe le plus haut degré dans l'échelle des mauvaises actions ».

Il n'entre pas dans notre dessein d'énumérer les différents moyens dont devront se servir les parents pour

(1) *Conc. prov. Aquensis*, a. 1850. Tit. III. — Coll. Lac., t. IV, col. 968.
(2) *I Tim.* v, 10.
(3) *I Tim.* II, 14, 15.
(4) *Conc. prov. Burdilagensis*, a. 1850. Tit. VI. — Coll. Lac., t. IV, col. 599.

cette éducation à la fois naturelle et surnaturelle. Mais nous devons insister sur l'exemple. Aussi :

4° *Les parents devront en toutes choses donner de bons exemples à leurs enfants.*

« Rappelez-vous, écrivait saint Jérôme à Læta, que vous enseignez bien plus par vos exemples que par vos paroles. » (1)

Tout ce que voit l'enfant, tout ce qu'il entend, laisse en lui une impression profonde bien plus puissante que les exhortations. On comprend dès lors quelles conséquences sur l'enfant peuvent avoir les actions des parents.

Les évêques de la province d'Avignon s'expriment ainsi dans leurs Lettres synodales de 1849 :

« On l'a dit avec une grande raison, l'homme moral est formé sur les genoux de sa mère. Dès lors, que de soins, que de précautions sont exigés des parents! Quelle circonspection dans les discours, quelle prudence dans les démarches et dans les actions! Qu'ils se souviennent surtout que la voie la plus courte et la plus sûre pour former l'enfance à l'amour du bien, c'est la voie de l'exemple, et que les plus belles leçons sur la vertu ne serviraient de rien si elles étaient en opposition avec leur conduite. »

5° *Si les parents font appel à des précepteurs ou à des institutrices pour les aider au sein même de la famille dans leur tâche éducatrice, ils devront exiger d'eux des qualités éminentes de foi et de vertu.*

Parfois les parents se verront obligés par les devoirs de leur position de remettre une partie de leur autorité entre les mains de précepteurs ou d'institutrices qu'ils associeront sous leur propre direction à leur tâche éducatrice. Ils devront pour cela se montrer difficiles dans leur choix. Un auteur païen, Quintilien, exigeait déjà

(1) HIER., *Ep.* VII *ad Lætam, De institutione filiæ.*

des qualités exceptionnelles chez les précepteurs pour que les parents puissent leur confier leurs enfants. Il voulait d'abord qu'on se livrât à un examen attentif sur leurs mœurs : *quorum imprimis inspici mores oportebit.* Il voulait qu'ils se montrassent les ennemis des vices chez eux et chez les autres : *ipse nec habeat vitia nec ferat;* il voulait que la sainteté du maître protégeât la fragilité de l'enfant : *teneriores annos ab injuria sanctitas docentis custodiat.* Il réclamait en lui un cœur de père pour l'enfant confié à ses soins : *Sumat igitur ante omnia parentis erga discipulos suos animum* (1).

Des parents chrétiens devront se montrer plus difficiles encore envers des précepteurs avant de leur confier leurs enfants chrétiens. Outre les vertus naturelles ils devront exiger d'eux les vertus surnaturelles. Ils écarteront impitoyablement toute personne dont la foi et la vertu ne seraient pas à l'abri de tout soupçon. C'est à ces maîtres, autant et plus qu'à ceux qui donnent l'instruction dans une école publique, que s'appliquent les nombreux décrets des Conciles sur cette matière.

« Que les parents sachent bien, dit le Concile de Reims (1849), qu'ils sont tenus par une loi très certaine de ne confier leurs enfants qu'à des maîtres honnêtes, d'une religion pure et dignes d'une telle fonction. » (2)

§ II — L'éducation dans les écoles.

Mais le plus souvent les parents seront dans l'impossibilité de donner, à l'intérieur même de la famille, toute l'éducation que réclament leurs enfants; ils devront alors les confier à des écoles. Il importe donc de bien établir sur quelles écoles doit se porter le choix des parents et quelles sont les obligations qui leur restent quand une fois ils ont confié leurs enfants à

(1) QUINTIL., *Inst. orat.*, lib. II, c. II.
(2) *Conc. prov. Remensis*, a. 1849. Tit. XIII. — Coll. Lac. t. IV, col. 133.

une école. Nous résumerons les devoirs des parents en quelques principes et en nous guidant spécialement dans cette étude d'après l'Instruction de la Sacrée Congrégation de la Propagande aux évêques de l'Amérique septentrionale, en date du 30 juin 1875.

1° *Il est absolument défendu aux parents de confier leurs enfants à une école positivement mauvaise. — et cette règle ne peut être enfreinte sous quelque prétexte que ce soit.*

L'école positivement mauvaise, c'est celle où l'intégrité de la foi et l'honnêteté des mœurs se trouvent exposées à un danger prochain (1).

C'est l'école de la cité antichrétienne, mais qui s'affirme avec de tels caractères qu'elle met les enfants qui la fréquentent dans un danger de perdition qui ne peut être éloigné.

Une école devra être considérée comme positivement mauvaise :

a) Lorsque les *livres* mis entre les mains des enfants sont de nature à ébranler leur foi ou à corrompre leurs mœurs. Tels seront, par conséquent, les livres condamnés par l'Église, les livres qui enseignent l'hérésie, qui attaquent les fondements de la foi, qui s'en prennent à la vérité religieuse ou qui jettent le discrédit sur la religion et l'Église. Tels seront également les livres capables de mettre en péril la vertu, en excitant les passions de la jeunesse ou en troublant ses idées morales.

Il est bon de faire remarquer que l'enfant reçoit docilement l'enseignement qui lui est donné et qu'il ne peut encore se défendre. Par conséquent un livre incapable de détruire la foi dans l'âme d'un homme mûr pourra bien plus facilement la détruire dans l'âme d'un enfant; il suffira parfois d'un doute, d'une simple affirmation pour occasionner des ruines.

(1) Voir la brochure *Les Écoles neutres.*

b) Lorsque les *maîtres* dans leur enseignement, dans leurs conversations ou par de simples propos détruisent la foi et ébranlent la vertu des enfants.

Rentreront dans ce cas les maîtres ou instituteurs appartenant à une autre religion que la religion catholique et qui combattraient les vérités enseignées par l'Église romaine, ou bien les maîtres et instituteurs qui mettraient en doute la divinité de la religion et attaqueraient ses fondements ou ses dogmes.

c) Lorsque les *condisciples*, soit parce qu'ils n'ont aucune religion, soit parce qu'ils appartiennent à diverses religions, soit parce qu'ils ont des mœurs dépravées, sont, pour les autres enfants, un danger de perversion qui ne peut être rendu éloigné.

Il n'est pas nécessaire que ces trois conditions soient réunies ; une seule suffit pour que l'école soit considérée comme positivement mauvaise et condamnée par la loi naturelle et par l'Eglise.

Que les dangers énumérés plus haut constituent un péril prochain qui ne peut être éloigné, la Sacrée Congrégation de la Propagande le proclame dans l'Instruction citée plus haut :

« La première chose à se demander, quand il s'agit de la fréquentation d'une école, est relative au péril de perversion. Il faut voir s'il est de telle nature qu'il ne puisse pas être rendu éloigné. »

Or, lorsque le danger ne peut pas être éloigné, il est absolument interdit, sous quelque prétexte que ce soit, d'y exposer les enfants.

« Si ce danger de perversion, dit toujours la même Instruction, de prochain ne peut pas être rendu éloigné (et dans le cas présent la chose n'est pas possible), de semblables écoles ne peuvent être fréquentées en conscience : c'est le cri de la loi naturelle et de la loi divine. »

Et pour préciser mieux encore la portée de ces règles, l'Instruction ajoute :

« Ces vérités étant fondées sur le droit naturel et divin constituent un principe qui a une force de loi universelle et elles s'appliquent à toutes les régions où se sont introduites ces funestes méthodes d'éducation de la jeunesse. »

C'est une loi, est-il déclaré plus loin, qui doit être observée « quand même il en coûterait la perte des biens temporels et de la vie elle-même ».

Cette doctrine est la doctrine même de l'Église, fréquemment enseignée dans les Conciles et rappelée dans ces dernières années encore avec énergie au peuple de Rome par le cardinal vicaire de Léon XIII (1). Mgr Freppel l'exposait en ces termes à ses diocésains dans une Lettre pastorale en date du 14 avril 1882 :

« Voilà l'école chrétienne telle que nous la souhaiterions partout. Si donc, en place d'une pareille éducation, vos enfants trouvaient quelque part un enseignement contraire à leur foi, votre devoir serait tout tracé : à aucun prix et sous aucun prétexte, vous ne pourriez les envoyer à une école où l'instituteur se permettrait une attaque, soit directe, soit indirecte, contre les dogmes de la religion ou les institutions de l'Église..... Dans ce cas, il n'y a pas de considération humaine, il n'y a pas de persécution qui doive vous faire reculer devant l'accomplissement d'un devoir certain. *Il est interdit aux pères et mères de famille, sous peine de mettre en péril leur salut éternel, d'envoyer leurs enfants dans une école irréligieuse. Là-dessus, il ne saurait y avoir le moindre doute ni la moindre hésitation.* »

Si maintenant l'on se demande quelle est la gravité de la faute commise par des parents chrétiens qui mettent leurs enfants dans une école positivement mauvaise, nous rappellerons que le devoir de l'éducation est le devoir le plus sacré de la famille (2) et nous dirons avec Mgr Gousset :

(1) *Inst. Emin. Card. Vic.-gen. Urbis ad parochos Urbis data die 12 julii 1878.*
(2) Voir p. 12.

« Les parents pèchent *mortellement* s'ils confient leurs enfants à des personnes sans foi, sans religion, sans mœurs, capables de pervertir les jeunes gens, ou par leurs principes ou par leurs mauvais exemples. » (1)

Faisons remarquer, pour revenir plus tard sur ce point, que d'après la législation française aucune école ne peut être mauvaise sans violer la loi ; les parents pourront donc toujours exiger que la loi soit observée.

2° *Il est également interdit aux parents, en conscience, de confier leurs enfants à des écoles qui ont la prétention d'être simplement neutres, à moins qu'ils n'aient une raison suffisante pour le faire et qu'ils n'emploient les moyens nécessaires pour empêcher l'action néfaste de l'école.*

L'école neutre est celle où il est fait abstraction de la religion.

Elle est aussi une arme de la cité antichrétienne. Les dangers qu'elle crée peuvent sans doute parfois être rendus éloignés, elle ne fait peut-être pas immédiatement des antichrétiens mais elle n'en est pas moins mauvaise et justement condamnée par l'Église.

L'Église la condamne :

a) Comme une injure faite à Dieu.

« On voudrait s'abriter sous le nom spécieux de neutralité, disaient les cardinaux français dans leur déclaration du 16 janvier 1892..... comme si le silence sur Dieu n'était pas une manière de le nier. »

b) Comme aboutissant au naturalisme.

Ce résultat de l'école neutre est reconnu et avéré.

Par elle « on habitue les esprits à se passer de la religion, dit Francisque Sarcey, on les dresse à comprendre que l'on peut être un honnête homme et un bon citoyen en dehors de tout enseignement de religion révélée. On

(1) Mgr Gousset, *Théologie morale*, t. Ier, p. 268.

les détache par là doucement, lentement, de la foi. C'est l'essentiel. »

c) Comme faussant et compromettant l'éducation en séparant la morale de la religion.

Dieu joue un grand rôle dans l'éducation. Vouloir laisser de côté cet agent si puissant, c'est frustrer l'enfant de son droit.

La morale elle-même, du reste, est impuissante si elle ne repose sur Dieu. « Il faut du ciel à la morale, a-t-on dit, comme de la lumière à un tableau. » (1) Aussi l'Église regarde l'école neutre comme un péril pour l'âme de l'enfant et elle la proscrit à ce titre :

« Assurément, dit Pie IX dans sa lettre à l'archevêque de Fribourg, dans tous les pays et dans toutes les régions où l'on entreprendrait et où l'on exécuterait ce funeste projet de chasser de l'école l'autorité de l'Église, la jeunesse serait misérablement exposée dans sa foi. Alors, non seulement l'Église devrait faire tous les efforts inspirés par le zèle le plus ardent et ne s'épargner aucun souci pour donner à la jeunesse une instruction et une éducation chrétiennes, mais elle serait forcée

(1) Séparer la religion de la morale! Ah! je m'explique encore que des esprits faussés en fassent l'essai dans le domaine des spéculations philosophiques. La morale qu'ils auront isolée de la sorte ne tiendra pas, voilà tout..... Mais risquer ce divorce dans l'éducation! Quelle aberration! Quel sacrilège!.... La preuve est faite maintenant. Une éducation religieuse n'assure pas toujours, hélas! le triomphe de la morale, mais une éducation sans religion en assure l'irrémédiable défaite. Ah! je sais bien qu'un vent de folle souffle depuis quelque temps sur le monde. On s'est contenté d'abord d'écarter la religion de l'enseignement public. L'école, a-t-on dit, restera neutre. Entre l'affirmation et la négation de Dieu et de son Christ, elle ne prendra plus parti. Comme si ce n'était pas déjà prendre parti contre l'affirmation que de lui substituer le silence, indice de dédain, conseiller d'indifférence, fauteur du doute! La famille, dit-on, et l'Eglise sont là pour combler le vide. Oui, si la famille continue de comprendre son devoir, si elle appelle l'Eglise à son secours. Mais peut-on nier l'influence qu'exerce sur le grand nombre des parents, du moins dans les classes populaires, l'exemple de l'athéisme officiel? La neutralité de l'école engendre l'irréligion du foyer. Au fond, c'est bien là ce qu'on a voulu! (Mgr D'HULST, Conférences de Notre-Dame, 4e conférence, *la Famille*.)

d'avertir tous les fidèles et de leur déclarer que ces écoles, contraires à l'Église catholique, ne peuvent être fréquentées en conscience. »

Léon XIII renouvelle cette condamnation dans l'Encyclique *Nobilissima Gallorum gens :*

« L'Église, dit-il, gardienne et vengeresse de l'intégrité de la foi, a toujours condamné ouvertement les écoles appelées mixtes ou neutres, avertissant à maintes reprises les parents que, dans une chose de si grave importance, ils missent toute leur attention à les éviter. »

Nous trouvons cette même condamnation dans une lettre de la Sacrée Congrégation de la Propagande aux vicaires apostoliques des Indes orientales (1). Les évêques français la renouvelèrent après la loi de 1881, comme l'avaient fait en 1879 les évêques de Belgique en ces termes :

« Nous avertissons tous les fidèles que l'on ne peut fréquenter de pareilles écoles, instituées qu'elles sont contre l'Église. »

Cependant l'Église estime que les écoles neutres, contrairement aux écoles positivement mauvaises, créent un danger qui de prochain peut être rendu éloigné, et elle en permet la fréquentation à deux conditions :

a) Qu'il y ait une raison suffisante.

b) Que les parents emploient certaines précautions et usent de certains remèdes.

L'Instruction de la Propagande aux évêques d'Amérique reconnaît ces exceptions :

« La Sacrée Congrégation n'ignore pas qu'il peut se rencontrer certaines circonstances où les parents catholiques pourront confier leurs enfants aux écoles publiques. Mais ils ne pourront jamais le faire sans avoir une raison suffisante..... De plus, pour que ces écoles publiques puissent être fréquentées en conscience,

(1) *Litt. Encycl. a S. Cong. de Propaganda Fide Vicariis Apostolicis Indarum Orientalium missa.*

il faut que le péril de perversion qui, étant donnée leur nature, est toujours plus ou moins inséparable d'elles, de prochain soit rendu éloigné par l'emploi de précautions et de remèdes opportuns. » (1)

Du reste, c'est comme avec regret que l'Église autorise en certains cas la fréquentation des écoles neutres.

« Si l'Église l'a permis quelque part, dit Léon XIII, ce n'a été qu'avec peine, à son corps défendant, et en entourant les enfants de multiples sauvegardes, qui, trop souvent d'ailleurs, sont reconnues insuffisantes pour parer au danger. » (2)

A. — Mais quand y aura-t-il une raison suffisante pour permettre la fréquentation des écoles neutres?

a) Quand les parents sont dans l'impossibilité de confier leurs enfants à une école catholique, parce qu'il n'y en a point dans l'endroit qu'ils habitent et qu'ils ne peuvent envoyer ailleurs leurs enfants, ou bien que l'école catholique qu'ils ont à leur disposition est impuissante à donner à leurs enfants une éducation conforme à leur rang :

« Cette raison suffisante existera habituellement quand il n'y aura à la disposition des parents aucune école catholique, ou bien que cette école ne sera pas organisée de manière à donner aux jeunes gens une éducation conforme à leur condition. » (3)

b) L'Instruction de la Propagande ne mentionne pas d'autres raisons, mais l'on s'accorde généralement à reconnaître qu'un fonctionnaire qui ne pourrait envoyer ses enfants dans une école catholique sans exposer gravement les intérêts de sa famille aurait lui aussi une raison suffisante pour les confier à une école neutre. Nous disons école neutre et non pas positivement mauvaise.

(1) Instruction de la Sacrée Congrégation de la Propagande aux évêques d'Amérique.
(2) Enc. *Affari vos.*
(3) Enc. *Affari vos.*

L'Église, soucieuse de préserver le plus qu'elle le peut l'âme des enfants, n'a pas toujours laissé au jugement du confesseur ou du curé ou à la conscience des parents l'appréciation de ces raisons qu'elle juge suffisantes en elles-mêmes. Souvent elle en a réservé l'approbation à l'Evêque du diocèse. C'est ce que réclame l'Instruction de la Propagande :

« Existe-t-il dans un cas particulier une raison suffisante ou cette raison est-elle absente? Cette décision doit être réservée à la conscience et au jugement des évêques. »

Ainsi l'avait également décidé le troisième Concile de Baltimore :

« Non seulement nous exhortons les parents catholiques avec un amour tout paternel, mais nous leur ordonnons de toute notre autorité..... d'envoyer leurs enfants dans les écoles paroissiales ou dans les écoles catholiques, à moins que l'Ordinaire n'estime pouvoir permettre autre chose dans les cas particuliers. »

Et plus loin :

« Nous décrétons que tous les parents catholiques sont tenus d'envoyer leurs enfants aux écoles paroissiales à moins qu'ils ne pourvoient suffisamment et évidemment à l'éducation chrétienne de ces enfants dans leur maison ou dans d'autres écoles catholiques, ou bien qu'une raison suffisante, approuvée par l'évêque, ne leur permette de les envoyer dans d'autres écoles en employant les précautions et les remèdes opportuns. »

Les évêques de Belgique promulguèrent la même loi dans leurs diocèses en 1879 et les évêques anglais les ont tout dernièrement imités dans une instruction collective.

« Aucun prêtre ou confesseur, ont-ils déclaré, n'est autorisé à décider s'il existe une nécessité de cette nature; le cas est de ceux qu'il faut porter devant l'Ordinaire du diocèse et soumettre à son conseil et à son jugement. »

B. — Même lorsque les parents ont une raison suffisante pour mettre leurs enfants dans une école neutre, une seconde condition est nécessaire encore pour qu'ils puissent le faire en sûreté de conscience. Ils doivent, par un ensemble de remèdes et de précautions, rendre éloigné le danger de perversion que l'école neutre porte nécessairement en elle-même.

Ces remèdes et précautions consistent spécialement en un solide enseignement chrétien et en une bonne éducation fournis en dehors de la classe :

« Pour que la jeunesse puisse être confiée en sûreté de conscience aux écoles publiques, elle doit, au moins en dehors du temps réservé aux classes, recevoir avec tout le soin et toute la diligence possible un enseignement et une éducation chrétienne qui lui sont absolument nécessaires. » (1)

Les curés devront de leur côté se prêter à cette nécessité, et, suivant la recommandation de la Propagande, se montrer d'autant plus zélés à catéchiser les enfants et à les former à la vertu, qu'ils sont exposés à l'école à de plus grands dangers.

3° *En toute hypothèse les parents ont le devoir grave de veiller sur l'éducation et l'enseignement que leurs enfants reçoivent à l'école.*

Les maîtres, en effet, ne sont que les mandataires des parents; c'est en leur place et en leur nom qu'ils distribuent aux enfants l'éducation et l'enseignement, et les parents conservent tout entière, dans cette œuvre de formation ou de déformation, leur inaliénable responsabilité.

C'est donc un devoir strict pour eux de surveiller l'éducation donnée à leurs enfants.

Cette surveillance doit porter sur les leçons que reçoivent ces enfants, sur les livres qui sont mis entre

(1) Inst. de la Propagande aux évêques d'Amérique.

leurs mains, sur les condisciples qui fréquentent la même école, sur la conduite des maîtres. Et si les parents s'aperçoivent que leurs enfants sont mis dans un danger prochain de perversion, ils ont le devoir de les reprendre immédiatement ou bien d'agir sur la direction de l'école et au besoin d'intervenir auprès des pouvoirs publics afin de faire cesser immédiatement cette situation.

« Que les parents ou ceux qui les remplacent, dit l'Instruction de la Propagande aux évêques d'Amérique, veillent avec le plus grand soin sur leurs enfants; que par eux-mêmes ou par d'autres, s'ils le peuvent plus facilement, ils les interrogent sur les leçons qu'ils ont entendues; qu'ils examinent les livres qui ont été mis entre leurs mains, et s'ils y trouvent quelque chose qui mette leurs âmes en danger, qu'ils emploient les remèdes voulus; qu'ils les éloignent de la familiarité et de la compagnie des condisciples qui sont un péril pour leur foi et leur vertu ou qui seraient de mœurs dépravées. »

Ce devoir qu'ont les parents de veiller sur l'école, Léon XIII le rappelait aussi dans son Encyclique *Nobilissima Gallorum gens.*

« Il faut absolument que les pères et mères dignes de ce nom veillent à ce que leurs enfants, parvenus à l'âge d'apprendre, reçoivent l'enseignement religieux et ne rencontrent dans l'école rien qui blesse la foi ou la pureté des mœurs. Cette sollicitude pour l'éducation de leurs enfants, c'est la loi divine, de concert avec la loi naturelle, qui l'impose aux parents, et rien ne saurait les en dispenser. » (1)

(1) Si, pour des raisons valables et par l'impossibilité de faire autrement, écrivait Mgr Bourret à ses diocésains, vous êtes obligés d'aller chercher pour vos enfants l'instruction civile et scientifique dans les écoles d'où l'enseignement religieux est banni, vous n'êtes pas pour cela dispensés de vous occuper d'eux ni de les suivre dans la voie où vous les avez engagés. Tout au contraire, vos obligations augmentent de tout ce qui devrait se faire dans ces écoles et qui ne s'y fait pas. Vous devez d'abord surveiller les maîtres très attentivement, pour qu'ils se tiennent au moins dans cette neutralité que la loi civile elle-même prescrit et n'enseignent rien d'opposé à la foi et aux saintes croyances

Ces règles de l'Église sur les devoirs des parents en matière d'éducation, le cardinal Guibert, archevêque de Paris, les résumait en 1882, dans une lettre à ses diocésains, avec cette clarté et cette précision qui lui étaient habituelles :

« Pour le moment, disait-il, vous allez vous trouver en présence de deux sortes d'écoles : dans les unes, la religion continuera d'être enseignée; elle sera entièrement passée sous silence dans les autres.

» Si votre situation ou vos affaires ne vous permettent pas de diriger vous-mêmes l'instruction de vos enfants, vous devrez, partout où le choix sera possible, préférer l'école chrétienne à celle qui ne l'est pas. Grâce à Dieu, dans tous les centres populeux, ces écoles ne manque-

de l'Evangile, s'ils ne croient pas devoir publiquement les exposer et les professer. Cette surveillance vous est imposée par la Sainte Eglise, les invitations de ses pontifes et le droit naturel lui-même afin que vos enfants ne trouvent pas le danger prochain de perdre leur âme, là où vous avez jugé à propos de leur faire donner l'instruction qui doit le mieux à vos yeux aboutir au succès. Les livres non moins que les maîtres devront être surveillés de près, pour que le poison, que l'on n'oserait peut-être pas publiquement distribuer, ne s'infiltre pas au moyen de ces docteurs silencieux, d'autant plus dangereux que le contradicteur n'est pas là pour relever leurs erreurs et leurs fausses maximes. Ne vous abusez pas sur ce point, et sous prétexte que vous n'êtes pas assez instruits pour vous mêler de ces choses ou que le livre a été prescrit par quelqu'un des régents de l'école, n'abandonnez pas l'intelligence de votre enfant à des lectures qui pourront le pervertir pour toujours. A cette vigilance sur les livres et sur les instituteurs devraient se joindre les protestations et les réclamations devant les diverses autorités qui ont juridiction sur l'école, si le maître, abusant de son caractère et de sa situation, s'oubliait au point de faire de son enseignement, non plus seulement un enseignement indifférent, mais un enseignement provocateur et hostile à nos saintes croyances, comme cela peut arriver, hélas! en plus d'un lieu et en plus d'une circonstance. Votre devoir serait alors d'élever la voix pour faire entendre le cri indigné de vos consciences, et, s'il n'était pas fait droit à vos justes griefs et à vos légitimes réclamations, vous devriez prendre par la main votre enfant, le ramener au sein de la famille ou le mettre dans une autre maison, pour qu'il échappât à cet empoisonnement moral auquel vous ne pouvez évidemment contribuer directement ni concourir par votre silence. (*Lettre pastorale pour le Carême de 1883.*)

ront pas. Par l'usage actif et courageux de ce qui nous reste de liberté, on les voit naître et se multiplier dans les villes, empruntant toutes leurs ressources aux sacrifices que la foi inspire et que Dieu bénit. Ces institutions sont l'œuvre capitale de notre temps, et l'aumône qui les soutient est la première des aumônes, la plus nécessaire, la plus féconde, la plus méritoire.

» Mais vous ne trouverez pas partout des écoles chrétiennes. Si vous n'avez à votre portée qu'une seule école, si dans cette école unique la religion n'est pas enseignée, vous aurez un double devoir à remplir.

» D'abord vous devrez pourvoir par vous-mêmes à l'instruction chrétienne de vos enfants; cette obligation, dont rien ne peut vous décharger, devient plus pressante que jamais quand vous ne pouvez plus la déléguer à l'instituteur. Il vous appartient alors de faire initier ou d'initier vous-mêmes ces chers enfants aux vérités religieuses, de les conduire de bonne heure à l'église et au catéchisme, de leur apprendre la lettre de ce petit livre qui contient l'abrégé de la doctrine chrétienne, de veiller à ce qu'ils suivent assidûment les exercices préparatoires à la Première Communion.

» En second lieu, il faudra vous assurer par un contrôle vigilant, que la foi de vos enfants n'est exposée à aucun péril dans l'école qu'ils fréquentent; que ni le langage des maîtres, ni leur conduite, ni les livres qu'ils mettent aux mains de leurs élèves, ni les explications qu'ils leur fournissent ne sont de nature à ébranler dans ces jeunes âmes la foi ou le respect dû à nos saintes croyances.....

» Le jour où vous auriez reconnu l'existence d'un tel péril, vous auriez l'obligation étroite d'y soustraire vos enfants, soit en faisant cesser le mal par vos plaintes et par des mesures efficaces de réparation, soit, si la chose dépasse votre pouvoir, en retirant vos enfants d'une telle école. Aucune considération humaine, aucun dommage à éviter, aucun intérêt à ménager ne pourraient vous dispenser de l'accomplissement de ce devoir qui serait en même temps l'exercice du plus incontestable des droits. »

Le Souverain Pontife Léon XIII adressa, le 14 août

1882, un Bref au cardinal Guibert pour le féliciter de cette lettre pastorale et l'appuyer de son autorité pontificale (1).

§ III — Les sanctions.

Parmi les lois morales et religieuses dont la garde a été confiée à l'Église, il en est dont la transgression ne relève que de Dieu et de son représentant au tribunal de la Pénitence. Il en est d'autres au contraire dont l'Église a voulu tout d'abord assurer elle-même l'observation en les sanctionnant par des peines corporelles ou spirituelles, suivant le pouvoir que lui a donné son divin Fondateur : ce sont généralement celles dont la transgression habituelle ou fréquente mettrait en péril la société spirituelle ou temporelle. Or, telles sont les

(1) Le catéchisme de Périgueux résumait en ces termes les obligations des parents :

D. — A qui revient de droit comme d'obligation l'éducation des enfants?

R. — L'éducation des enfants revient de droit comme d'obligation à leurs parents.

D. — Que doivent faire les parents pour élever chrétiennement leurs enfants?

R. — Pour élever chrétiennement leurs enfants, les parents doivent vivre eux-mêmes chrétiennement, les former de bonne heure aux habitudes chrétiennes et ne les confier qu'à des maîtres chrétiens.

D. — Si les parents n'ont à leur disposition que des maîtres non chrétiens, que doivent-ils faire?

R. — Si les parents n'ont à leur disposition que des maîtres non chrétiens, ils doivent, selon les cas, suppléer ces maîtres auprès de leurs enfants ou même refuser de les leur confier.

D. — Quels sont les maîtres que les parents doivent suppléer auprès de leurs enfants?

R. — Les maîtres que les parents doivent suppléer auprès de leurs enfants sont ceux qui, par leur indifférence, n'enseignent pas la prière et le catéchisme aux enfants, ne les conduisent pas aux offices de l'Eglise et ne leur donnent pas l'exemple de l'accomplissement des devoirs religieux.

D. — Quels sont les maîtres auxquels les parents doivent refuser de confier leurs enfants?

R. — Les maîtres auxquels les parents doivent refuser de confier leurs enfants sont ceux qui, par leur conduite, leurs discours ou les livres défendus par l'Eglise, éloignent les enfants de la religion.

lois qui s'imposent aux parents relativement à l'éducation de leurs enfants.

« C'est de l'éducation chrétienne des enfants, dit le Concile de Bourges, que dépend presque en entier le bien de la religion et de la société. » (1)

Aussi n'est-il pas étonnant qu'à certaines époques et dans certaines régions, l'Église ait frappé de peines sévères les parents oublieux de leurs devoirs vis-à-vis de leurs enfants :

1° *Elle a quelquefois fulminé contre eux l'excommunication.*

Nous lisons, en effet, aux Constitutions et Canons du Synode tenu au mont Liban en 1736 :

« Désireux de pourvoir au salut des âmes et à l'accroissement des lettres et des sciences, nous ordonnons à tous et à chacun de ceux qui professent notre foi orthodoxe qu'ils aient soin de ne plus confier à des maîtres étrangers l'éducation de leurs enfants, et cela sous peine d'excommunication à porter par les évêques. Seront soumis à la même censure ceux qui, malgré l'ordre ou sur l'ordre de leurs parents, fréquenteront les écoles des maîtres infidèles ou hérétiques. » (2)

2° *Plus souvent l'Eglise traite ces parents en quelque manière comme pécheurs publics et leur interdit la participation aux sacrements.*

Voici comment s'exprime le cardinal vicaire de Léon XIII dans son Instruction aux curés de Rome :

« Ils sont coupables de péché très grave les parents qui, dans leur présomption vis-à-vis de l'âme de leurs enfants, les envoient dans des écoles protestantes et parfois les forcent d'y aller. Il est évident que cette manière d'agir doit être complètement réprouvée et que

(1) *Decr. Conc. prov. Bituricen*, a. 1850, tit. VI. — Coll. Lac., t. IV, col. 1129.
(2) *Const. et Can. S. Syn. Montis Libani*, a. 1736. Pars IV, c. VI. — Coll. Lac., t. II, col. 407.

par tous les moyens, il faut essayer de les en détourner. En attendant, et jusqu'à ce qu'ils aient rappelé leurs enfants de ces écoles, qu'ils soient écartés des sacrements comme en étant indignes et incapables. »

Le Concile de la province d'Halifax, tenu en 1857, s'exprime en ces termes :

« Que les prêtres instruisent fréquemment les parents de leurs obligations en une matière si grave et, si néanmoins les parents envoient leurs enfants à des écoles dangereuses ou qu'ils les exposent en quelque autre manière au naufrage de la foi, qu'ils soient punis au besoin par la privation des sacrements, car si quelqu'un n'a pas souci des siens et surtout de ses proches, il renie sa foi et devient pire qu'un infidèle. » (1)

Le Concile de Bordeaux tenu en 1856 n'est pas moins énergique.

« Que l'on choisisse pour les enfants l'école qui met en première ligne la culture de la piété et des bonnes mœurs et ensuite celle de la science. Là où enseigne un maître hérétique, que tous sachent bien qu'on doit s'en écarter sous peine d'être soi-même écarté des sacrements. » (2)

De même les évêques belges, en 1880, enjoignirent à leurs prêtres de refuser publiquement la communion à ceux qui étaient en contravention grave et notoire avec leurs instructions.

3° *Parfois les évêques ont retranché aux confesseurs la juridiction vis-à-vis des parents infidèles à leurs devoirs.*

Nous trouvons en effet dans une circulaire récente de l'Archevêque de Saint-Boniface, au Canada, l'article suivant :

(1) *Conc. prov. Halifaxiensis*, I, a. 1857, cap. IX. — Coll. Lac. t. III., col. 737.

(2) *Conc. prov. Burdigalen*, a. 1854, tit. III., cap. VI, n° 4. — Coll. Lac. t. IV, col. 743.

« Le fait d'envoyer un enfant à une école protestante, alors qu'il y a une école catholique dans l'endroit, est un cas de refus d'absolution pour le chef de famille ou même pour la mère si elle est responsable de l'état de chose et de cessation de juridiction pour le prêtre, mais le cas n'est pas réservé à l'évêque, puisqu'un simple prêtre pourra absoudre le père de famille dès qu'il aura retiré l'enfant ou qu'il aura obtenu la permission de l'Ordinaire. »

4° *Toujours, lorsqu'ils n'ont pas de raison suffisante pour enfreindre ces règles et qu'ils refusent de se corriger, les parents doivent être privés de l'absolution.*

Ils ne sont pas en effet dans les conditions voulues pour être absous.

C'est la doctrine de l'Instruction de la Propagande aux évêques d'Amérique :

« Quant à tous les parents qui négligent cette instruction et cette éducation chrétiennes nécessaires, ou bien qui permettent à leurs enfants de fréquenter des écoles où la ruine de la foi ne peut être évitée; quant à ceux enfin qui ont chez eux une école catholique convenablement adaptée pour donner l'instruction voulue ou qui peuvent facilement faire élever leurs enfants dans une autre région, et qui, néanmoins, les confient à des écoles publiques sans raison suffisante et sans employer les précautions nécessaires pour que le péril, de prochain, soit rendu éloigné, il est manifeste, d'après la doctrine de la morale catholique, que s'ils sont contumaces ils ne peuvent être absous au saint tribunal de la Pénitence. »

C'est là une règle générale qui ne s'applique pas à une région particulière ou qui ne relève que d'un droit diocésain; elle s'applique à tous les pays et relève directement des principes de la théologie morale. Tous les confesseurs ont le devoir grave de la connaître et de l'appliquer.

CHAPITRE III

DEVOIRS DES MAITRES

L'Église a toujours eu la plus haute estime pour la profession des instituteurs de la jeunesse.

« Il faut, disent les statuts d'Alet (1675), que les régents soient bien persuadés de l'excellence de leur emploi. Pour cela, ils doivent considérer qu'ils sont en quelque sorte les anges gardiens des enfants. »

Ainsi parlaient également les Pères du Concile tenu à Westminster en 1859 :

« Vous les voyez, disent-ils, assis depuis de longues années dans leurs chaires, et ils y resteront, toujours entourés de ces mêmes pauvres qui forment leur couronne et leur famille, jusqu'au jour où la mort les transportera dans la société des anges gardiens qu'ils ont imités et aidés ici-bas. » (1)

Vialart de Herse, évêque de Châlons, appelle les instituteurs de la jeunesse « des ouvriers nécessaires à l'Église ».

Le Concile de Cologne déclare qu'ils sont des « auxiliaires de l'Église » (2), et Froulay de Tessé, évêque de Coutances, parlant de l'état des maitresses d'école, l'appelle « un saint emploi » (3).

(1) *Litt. syn. Patrum Conc. prov. Westmonasteriensis*, III, a. 1859. — Coll, Lac. t. III, col. 1358.

(2) *Decr. Conc. prov. Colonien*, a. 1860. Pars II., tit. II. cap. XXIII. — Coll. Lac., tit. V, col. 364.

(3) Cf. ALLAIN. *L'Eglise et l'Enseignement populaire sous l'ancien régime*, (Collection *Science et Religion*, n° 163, p. 46.)

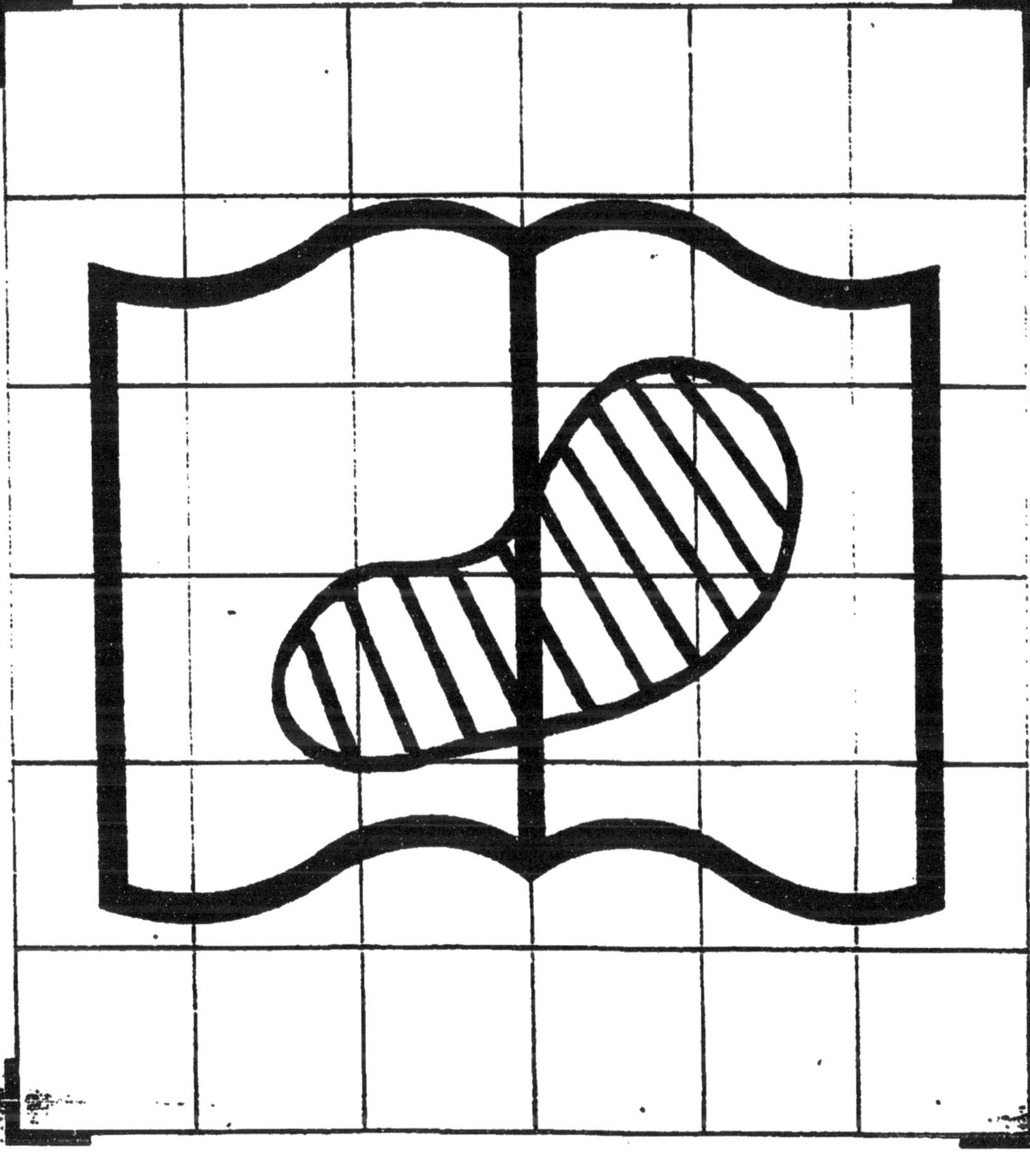

Telle était aussi la pensée de l'auteur du *Traité des Études* :

« Qu'est-ce qu'un maître chrétien chargé de l'éducation des jeunes gens? C'est un homme entre les mains de qui Jésus-Christ a remis un certain nombre d'enfants qu'il a rachetés de son sang et pour lesquels il a donné sa vie; en qui il habite comme dans sa maison et dans son temple, qu'il regarde comme ses membres, comme ses frères, comme ses cohéritiers; dont il veut faire autant de rois et de prêtres, qui régneront et serviront Dieu avec lui et par lui pendant toute l'éternité. Et pour quelle fin les leur a-t-il confiés? Est-ce précisément pour en faire des poëtes, des orateurs, des philosophes, des savants? Qui oserait le dire ou même le penser? Il les leur a confiés pour conserver en eux le précieux et l'inestimable dépôt de l'innocence qu'il a imprimée dans leur âme par le baptême pour en faire de véritables chrétiens. » (1)

Voilà donc ce qui est la fin et le but de l'éducation des enfants, tout le reste ne tient lieu que de moyens. Or, quelle grandeur, quelle noblesse une commission si honorable n'ajoute-t-elle point à toutes les fonctions des maîtres!

Mais cette dignité impose des devoirs d'autant plus stricts qu'elle est plus élevée. Ce sont ces obligations que nous allons préciser.

§ I. — Principes généraux.

« Les enfants, dit saint Thomas, sont, par la nature même, quelque chose de leur père : *Filii sunt naturaliter aliquid patris.* » (2)

C'est donc au père, il est bon de le rappeler au début de ce chapitre, qu'il appartient d'élever l'enfant. Le développement de la vie naturelle du corps, de l'esprit et du cœur chez l'enfant est l'œuvre de la famille : le

(1) ROLLIN.
(2) *Summ. theol.* IIª IIªᵉ, q. x, a. 12.

développement de la vie surnaturelle, qui doit dominer et pénétrer intimement la première, est son œuvre aussi, sous le contrôle et avec le secours de l'Église.

Aux maitres, instituteurs et institutrices, les parents communiquent une partie de leurs droits sur des points et pour des moments où ils sont impuissants à les exercer pleinement eux-mêmes. Cette délégation n'est pas une abdication totale de leur charge divine; elle demeure au contraire en tout sous le contrôle et la direction de l'autorité principale des parents. Néanmoins, elle est une délégation. Aussi *les devoirs des maitres de l'enfance sont absolument identiques aux devoirs des parents.*

Léon XIII rappelait cette vérité dans son Encyclique *Affari vos* :

« Les maitres, dit-il, sont les mandataires des parents; ils doivent donner l'éducation que donnent les parents. »

C'est ce qu'affirmait aussi le Concile d'Albi, tenu en 1850. Après avoir parlé des devoirs des parents, il ajoute :

« Quant à ceux qui se chargent d'instruire les enfants dans des écoles publiques ou privées, ils se rappelleront qu'ils sont soumis aux mêmes obligations et qu'ils devront en rendre le même compte. » (1)

Aussi, le Concile d'Aix (1850) demande-t-il aux maitres d'entourer leurs élèves de l'affection que doivent avoir les parents pour leurs enfants (2).

« Qu'ils s'efforcent, dit le Concile de Bordeaux (1859), de gagner les cœurs de leurs enfants et de diriger leurs âmes vers le bien. » (3)

Chargés de représenter le père et la mère dans la for-

(1) *Decr. Conc. prov. Albien.*, a. 1850, tit. VIII. — Coll. Lac. t. IV, col. 445.
(2) *Decr. Conc. prov. Aquen.*, a. 1850, tit. IX. — Coll. Lac. t. IV, col. 995.
(3) *Conc. prov. Burdigalen.*, a. 1859, tit. V. cap. I. — Coll. Lac. t. IV, col. 766.

mation de l'enfant, les maitres doivent donc, comme le père et la mère, s'appliquer à former des chrétiens en même temps que des hommes et des citoyens.

« Voici, dit le Concile de Reims (1853), la première loi qui doit inspirer la direction des écoles : le but de l'éducation est principalement de former les jeunes gens à la vie chrétienne et en même temps à la vie civile et aux sciences qui en dépendent. Ce devoir, les collèges (qui, pour les enfants, remplacent la famille), doivent l'accomplir avec autant de perfection que l'éducation domestique dont ils tiennent lieu. » (1)

Tels sont les principes généraux d'après lesquels doivent se régler les maîtres, les instituteurs et les institutrices.

Mais, appuyés sur ces principes, nous devons serrer de plus près la question et la préciser dans la mesure du possible. Or, de fait, nous nous trouvons en France en présence de deux sortes d'écoles : les écoles libres ou catholiques et les écoles officielles ou neutres. C'est dans cette double hypothèse que nous devons envisager les devoirs de ceux qui sont appelés à donner l'instruction et l'éducation.

§ II. — Les maîtres de l'enseignement libre ou catholique.

Les maîtres chrétiens doivent se rappeler que leurs obligations s'imposent à eux à un double titre : d'abord en vue du bien des enfants qui leur sont confiés, et ensuite en considération du bien général de l'Église. C'est d'eux, en effet, que dépend pour une large part la cause de l'enseignement chrétien. Aussi doivent-ils s'appliquer à leur tâche avec un esprit de foi et une ardeur d'autant plus grands que la cause est plus belle, et feront-ils en sorte qu'au point de vue de l'éducation et de l'instruction ils puissent non seulement soutenir

(1) *Decr. Conc. Remensis*, a. 1853, cap. XVI. — Coll. Lac. t. IV, col. 181.

la comparaison avec les maîtres de l'enseignement officiel, mais encore les dépasser.

Nous résumerons en quelques règles leurs obligations principales :

1° *Le premier devoir des maîtres chrétiens est de mener une vie sérieusement chrétienne.*

Une vie chrétienne est requise chez les maîtres, afin qu'ils trouvent dans les pratiques de la religion les grâces nécessaires pour accomplir intégralement leurs devoirs — et afin qu'ils présentent à leurs élèves un exemple vivant de ce qu'ils doivent être eux-mêmes.

« Il ne faut pas seulement, dit le Concile de Vienne (1858), apprendre aux enfants des notions utiles et les principes de la foi, il faut encore que toute l'organisation de l'école les forme au culte de la religion et à la sainteté de la conscience. Or, dans cette tâche le rôle des maîtres est considérable. Que jamais, par conséquent, ni dans leur classe, ni en dehors de leur classe, ils ne prononcent une parole qui ne soit pas conforme à la vérité et à la piété chrétienne. Qu'aux paroles ils ajoutent les exemples : qu'ils soient irréprochables dans leur conduite, qu'ils se montrent pieux dans la maison de Dieu, assidus dans la fréquentation des sacrements. » (1)

« Il faut, dit le Concile de Colocsa (1863), que ceux à qui est confiée l'éducation religieuse de la jeunesse soient par-dessus tout pieux et vertueux, car personne ne peut donner ce qu'il ne possède lui-même. » (2)

Pour maintenir dans les maîtres chrétiens cet esprit de piété, le Concile de Prague (1860) leur recommande de prendre part chaque année à des exercices spirituels sous forme de retraite :

(1) *Decr. Conc. Vien.*, a. 1858, tit. VI, cap. VIII. — Coll. Lac. t. V. col. 153.
(2) *Decr. Conc. prov. Colocen.*, a. 1863, tit. VI, cap. VII. — Coll. Lac. t. V, col. 715.

« Quant aux maitres occupés à l'instruction de la jeunesse, afin qu'ils apportent de jour en jour plus de compétence et produisent plus de fruits dans l'exercice de leurs fonctions aussi honorables que méritoires, le présent Synode leur recommande les exercices spirituels auxquels on leur donnera la facilité d'assister chaque année, à des jours et dans des endroits opportuns. » (1)

2° *Les maîtres chrétiens donneront toujours la première place à la religion dans la culture de l'esprit de tous leurs élèves et dans la formation de leur volonté à la vertu.*

Si les écoles catholiques n'ont pas toujours donné les résultats que l'on était en droit d'attendre d'elles, ne serait-ce pas en partie parce que, marchant trop sur les traces des écoles publiques, elles n'ont pas toujours mis au premier plan de leurs préoccupations l'enseignement de la religion et la formation du chrétien?

Déjà l'abbé Bourdoise signalait ce danger à ses contemporains :

« Aujourd'hui, dit-il, toute sorte d'enfants vont aux écoles qu'on leur fait d'une manière toute naturelle, aussi il ne faut pas s'étonner si dans la suite on en voit si peu qui vivent chrétiennement, parce que, pour faire une école qui soit utile au christianisme, il faudrait avoir des maitres qui travaillassent à cet emploi en parfaits chrétiens, comme des apôtres. » (2)

Pour que l'école chrétienne produise les résultats qu'on est en droit d'attendre d'elle, il faut donc que les maitres donnent toujours la première place à la religion dans la culture de l'esprit de leurs élèves et dans la formation de leur volonté à la vertu.

a) Dans la culture de l'esprit.

« Il faut, dit Pie IX, que l'enseignement religieux

(1) *Decr. Conc. prov. Pragen.*, a. 1860, tit. II, cap. VII. — Coll. Lac. t. V, col. 210.
(2) DARCHÉ, *Le saint abbé Bourdoise*, t. Ier, p. 263.

tienne à ce point le premier rang dans l'instruction et l'éducation, il faut qu'il domine tellement, que les autres sciences enseignées à la jeunesse ne semblent en être que des appendices. » (1)

Dans ce but, il faut sans doute que les maîtres enseignent le catéchisme et la doctrine religieuse à leurs élèves. Les Conciles l'ordonnent généralement :

« Que les maîtres d'école enseignent la doctrine chrétienne à leurs élèves à certains jours déterminés, disent les évêques d'Ombrie réunis en 1849. » (2)

Mais il faut aussi et surtout que toutes les sciences profanes soient enseignées dans un esprit chrétien :

« Toutes les sciences, dit le Concile de Prague (1860), doivent, autant que le comporte leur caractère propre, être ramenées à la religion, comme au centre véritable de l'éducation. On ne doit les enseigner que dans un esprit chrétien et véritablement catholique. » (3)

b) Dans la formation de la volonté.

« Tandis que l'on cultive l'intelligence, dit Léon XIII, il faut aussi appliquer la volonté à l'acquisition des habitudes de vertu et à la poursuite de la fin dernière. Tout éducateur qui néglige la formation de la volonté, pour donner son attention exclusivement à la culture de l'esprit, met entre les mains des natures mauvaises des armes dangereuses, à savoir la science s'unissant à la méchanceté et souvent à la force. C'est un mal auquel il n'y a point de remède. » (4)

Pour former la volonté de leurs élèves à la vertu, les maîtres leur enseigneront le grand devoir de la prière. Ils en donneront eux-mêmes l'exemple, spécialement au commencement et à la fin de leurs leçons et exercices.

(1) Lettre à l'archevêque de Fribourg.
(2) *Consessus Epp. Umbriæ*, a. 1849, tit. X. — Coll. Lac. t. VI, p. 764.
(3) *Decr. Conc. prov. Pragen.*, a. 1860, tit. II, cap. VII. — Coll. Lac. t. V, p. 452.
(4) Lettre au cardinal Monaco della Valletta (26 juin 1878).

« Que les maitres, dit saint Charles Borromée, commencent et terminent leurs classes et leurs études par quelque pieuse prière ou oraison et qu'ils n'autorisent point leurs élèves à sortir sans raison grave avant qu'elle ne soit achevée. » (1)

Ils les formeront aussi à la prière publique et liturgique de l'Église, à la célébration de ses fêtes. C'est ce que semble indiquer le Concile de Vienne que nous avons cité plus haut : que toute l'organisation de l'école, dit-il, forme les âmes des enfants « au culte de la religion, *ad religionis cultum* ».

Ils les habitueront en même temps à fréquenter les sacrements, assurés d'arriver par ces différents moyens au deuxième but que réclame le même Concile, qui est de former en eux la sainteté de la conscience : *Et conscientiæ sanctitatem.*

3° *Il est absolument interdit aux maîtres catholiques de mettre entre les mains des enfants des livres qui seraient de nature à nuire à leur foi ou à leurs mœurs, alors même qu'ils se proposeraient d'en neutraliser l'effet par leur enseignement. Ils écarteront aussi dans la mesure du possible les livres neutres.*

L'enseignement du maitre, en effet, est habituellement impuissant à réprimer le mal causé dans les âmes des enfants par un mauvais livre. Aussi, aucune raison ne pourra légitimer cet usage, ni le progrès intellectuel des élèves, ni la préparation d'un examen. Ce serait ici le cas de se rappeler la parole de saint Jérôme :

« Il vaut mieux ignorer et rester en sécurité que d'apprendre en s'exposant au danger : *Melius est aliquid nescire secure quam cum periculo discere.* » (2)

Les prescriptions des Pontifes et des synodes sont unanimes sur ce point.

(1) *Conc. prov. Mediolanen*, V° part. 1° *Quæ ad prædicationem verbi Dei et doctrinam pertinent.*
(2) *Epist. ad. Eustoch.* Ed. Migne, I, 415.

« Veillez, écrivait Pie IX aux évêques d'Italie, à ce que dans tout ce qui ressort des écoles, mais surtout en ce qui touche les choses de la religion, on n'emploie que des livres exempts de tout soupçon d'erreur. » (1)

« Que dans l'enseignement, disent les évêques d'Ombrie, aucun livre, aucun écrit ne soit employé ou introduit dans les écoles qui soit entaché des erreurs modernes; qui, de quelque manière que ce soit, excite au mépris des autorités établies; pousse à la dépravation des mœurs ou détourne des devoirs de la religion et de la piété. » (2)

Ces règles s'appliquent aussi aux livres neutres, qui sont par eux-mêmes un danger.

« Il n'y a rien de si dangereux que les bons mauvais livres, » a dit Joseph de Maistre.

Cependant, comme l'enseignement du maitre peut rendre ce danger éloigné, les livres neutres pourront dans certains cas être mis entre les mains des élèves. Mais il faudra pour cela avoir une raison grave comme serait la préparation d'un examen et l'absence de livres catholiques pouvant suffire pour cette préparation.

Nous attirons tout particulièrement l'attention des maitres de l'enseignement primaire et de l'enseignement secondaire sur cet emploi des livres neutres ou mauvais. L'expérience a prouvé que plus d'une fois des abus s'étaient glissés dans ce sens, et il importe de se rappeler les règles posées par l'Église en cette matière.

Or, les livres défendus par l'Église ne sont pas seulement ceux qui sont inscrits au catalogue de l'Index, mais aussi ceux désignés par les décrets généraux de la Constitution *Officiorum ac munerum;* et ces derniers sont défendus aux mêmes titres que les premiers. En voici quelques-uns :

« Art. 2. — Les livres des apostats, des hérétiques, des

(1) Encycl. *Nostis et Nobiscum*, 8 déc. 1894.
(2) *Consessus Epp. Umbriæ*, a. 1894, tit. X. — Coll. Lac. t. VI, col. 764.

schismatiques et de tout autre écrivain, propageant l'hérésie ou le schisme ou ébranlant en quelque façon les fondements de la religion, sont absolument prohibés.

» Art. 3. — Sont prohibés de même les ouvrages des auteurs non catholiques traitant de la religion *ex professo*, à moins qu'ils ne contiennent évidemment rien de contraire à la foi catholique.

» Art. 9. — Les livres qui traitent *ex professo* de sujets lascifs ou obscènes, qui contiennent des récits ou des enseignements de ce genre, sont absolument prohibés, car il faut se préoccuper, non seulement de la foi, mais encore des mœurs, qui d'ordinaire sont facilement corrompues par ces sortes de livres.

» L'usage et la conservation de ces livres est prohibé à quiconque n'est pas autorisé à les avoir ou à s'en servir.

» Art. 23. — Ceux-là seuls pourront lire et garder les livres condamnés par les décrets spéciaux *ou par les décrets généraux*, qui en auront reçu régulièrement l'autorisation du Siège apostolique ou d'un de ses délégués. »

4° *Les maîtres catholiques doivent s'appliquer à acquérir une méthode d'enseignement et des aptitudes professionnelles qui leur permettent de soutenir avec honneur la concurrence des écoles officielles.*

« Il est un autre point qui appelle encore vos communes sollicitudes, écrivait Léon XIII aux évêques canadiens, c'est que par votre autorité, et avec le concours de ceux qui dirigent les établissements d'instruction, on élabore avec soin et sagesse tout le programme des études, et que l'on prenne surtout garde de n'admettre aux fonctions de l'enseignement que des hommes abondamment pourvus de toutes les qualités qu'elles comportent, naturelles et acquises. Il convient, en effet, que les écoles catholiques puissent rivaliser avec les plus florissantes par la culture des esprits et l'excellence de l'enseignement. » (1)

(1) Encycl. *Affari vos*, 8 déc. 1897.

Les Conciles reconnaissent cette nécessité :

« La prospérité des écoles libres, dit le Concile de Paris (1847), ne dépend pas moins de la possibilité d'avoir de bons professeurs que de la liberté même. On attache un grand prix à la bonne éducation, mais on ne veut pas qu'elle soit séparée d'une forte instruction. »

Aussi le Concile de Bordeaux (1859) recommande-t-il aux maîtres de ne point s'arrêter dans leur formation professionnelle :

« Que les maîtres, dit-il, fussent-ils parfaitement formés, ne s'imaginent pas qu'ils pourront s'acquitter convenablement de leur tâche s'ils ne nourrissent continuellement leur savoir, si même ils ne l'augmentent et s'ils ne progressent continuellement dans l'art si difficile de l'éducation des enfants. » (1)

Cependant, il est à peine besoin de faire remarquer que sous prétexte de soutenir la comparaison avec les maisons de l'enseignement officiel les maîtres catholiques ne doivent pas négliger l'éducation, afin de porter leurs efforts sur l'instruction; ils ne doivent pas davantage viser à la formation naturelle au détriment de la formation surnaturelle. C'est en n'abandonnant rien de leurs devoirs et des principes de l'Église sur l'éducation qu'ils seront vraiment forts et à la hauteur de leur tâche.

5° *Les maîtres ont le devoir grave d'exercer une surveillance assidue sur les enfants qui leur sont confiés, pendant tout le temps qu'ils sont sous leur autorité.*

Ce devoir s'impose aux maîtres comme il s'impose aux parents, dont ils sont les mandataires. En conséquence, les maîtres devront apporter le plus grand soin à surveiller leurs élèves, soit dans les classes, soit pendant les récréations, soit au dortoir, soit durant les promenades; et ils devront se rappeler qu'ils sont res-

(1) *Conc. proc. Burdigalen.*, a. 1859, tit. V. cap. I. — Coll. Lac. t. IV, col. 766.

ponsables devant Dieu des fautes commises par leurs élèves, par défaut coupable de surveillance.

§ III. — Les maîtres de l'enseignement officiel.

Les maîtres de l'enseignement officiel sont tenus aux mêmes devoirs que les maîtres de l'enseignement catholique : il n'y a pas une morale pour les uns et une morale pour les autres. Aussi, devons-nous affirmer, en commençant cette partie de notre étude, que les maîtres de l'enseignement officiel doivent se soumettre, dans la mesure du possible, aux règles que nous avons énoncées précédemment. Mais des lois que l'Église réprouve et une propagande antireligieuse qui ne connaît plus de frein ont créé en France une situation de fait, qui a soulevé plusieurs problèmes auxquels nous devons répondre dans ce paragraphe.

1° *Il est absolument interdit à tout maître ou instituteur d'enseigner dans une école positivement mauvaise dont il ne peut supprimer les dangers prochains.*

Qu'est-ce qu'une école positivement mauvaise? Nous l'avons expliqué dans le chapitre sur les devoirs des parents. En somme, deux choses peuvent constituer, même séparément, une école positivement mauvaise : ou bien l'enseignement de l'erreur par le maître ou par les livres, ou bien la contagion du vice.

Ce que nous devons faire remarquer, tout d'abord, c'est que, du premier chef, l'école positivement mauvaise est défendue à la fois par la loi naturelle et par la loi civile, qui exige la neutralité; et que, du second chef, l'école positivement mauvaise est défendue toujours par la loi naturelle et souvent aussi par la loi civile.

Et néanmoins, l'expérience est obligée de constater avec douleur que l'une et l'autre de ces lois sont enfreintes tous les jours.

En ce qui concerne le premier chef, déjà Léon XIII, moins de deux ans après la promulgation de la loi sur la neutralité scolaire, était obligé d'adresser à M. Jules Grévy, président de la République, les graves observations suivantes :

« Le gouvernement s'était empressé de promettre que, dans les écoles, on n'aurait jamais rien enseigné de contraire à la religion, rien qui pût, par conséquent, offenser la conscience des jeunes gens et de leurs parents. Mais, Nous avons le devoir de le dire avec cette franchise qui est le propre de Notre ministère apostolique, ces promesses n'ont pas été tenues. » (1)

Si, déjà en 1883, un certain nombre d'écoles avaient cessé d'être neutres, il faut bien avouer qu'aujourd'hui un grand nombre sont devenues antireligieuses et doivent être assimilées aux écoles hérétiques et schismatiques, que l'Eglise a maintes fois condamnées.

De plus, de récents Congrès (2) ont montré avec une franchise dont il faut leur savoir gré qu'il n'y avait pas seulement que la foi des enfants qui était en danger dans certaines écoles, mais que leur vertu même y courait les plus grands périls.

Malgré leur caractère antilégal et antinaturel, il y a donc des écoles positivement mauvaises; on pourrait peut-être ajouter qu'elles sont nombreuses, et la question se pose : *Est-il permis à un maître d'enseigner dans une semblable école?*

Nous écartons à dessein l'hypothèse où l'entrée d'un professeur dans une école de ce genre serait de nature à en modifier l'esprit et éloignerait le danger prochain de perversion pour la foi et les mœurs, et nous envisageons uniquement le cas où le maître serait impuissant à transformer cette école.

Or, dans ce cas, les règles de la théologie morale ne permettent pas à un maître, professeur ou instituteur,

(1) Lettre à M. Jules Grévy, président de la République française (12 mai 1883).
(2) Voir en particulier le compte rendu du Congrès des *Amicales* tenu à Lille en août 1905.

d'enseigner dans une semblable école, et les enfreindre, c'est commettre un péché grave.

Nous sommes en effet ici dans un cas de coopération. Le professeur apporte son concours à une œuvre positivement et intrinsèquement mauvaise. C'est bien ainsi en effet qu'il faut caractériser le travail néfaste d'une école qui, non seulement ne remplit pas ses devoirs, ne distribue pas la vérité et ne protège pas la vertu, mais qui, directement, se constitue la corruptrice des enfants en s'attaquant à leur foi ou à leurs mœurs. Faire partie du corps professoral d'une semblable maison, c'est prêter son concours à une œuvre pernicieuse dans des conditions illicites. Sans doute, le professeur n'a point l'intention de travailler directement à cette œuvre de perversion, mais il la favorise par sa présence; il est un des rouages et peut-être un rouage important de cette institution; son nom, sa réputation, attireront dans la maison des élèves qui, par suite, se trouveront dans un danger prochain de perdition. Toutes ces circonstances imposent donc à tout maitre catholique ou simplement honnête l'obligation grave de ne pas entrer dans une école de ce genre ou de s'en retirer s'il y est une fois entré.

Cependant, il est juste de faire remarquer que l'enseignement antireligieux d'un seul professeur ne suffirait pas habituellement pour constituer une école positivement mauvaise; il faut que l'ensemble de la maison ait ce caractère. La question deviendrait plus délicate si plusïeurs maitres donnaient dans une même maison un enseignement mauvais. Avant d'obliger un professeur à donner sa démission dans ces conditions, il faudrait recourir à l'évêque, et c'est ainsi que l'on devra procéder toutes les fois qu'il y aura un doute sérieux en cette matière.

2° *Il n'est pas permis à un catholique d'enseigner dans une école simplement neutre sans raison suffisante.*

Cette règle est une conséquence des condamnations

portées par l'Église contre l'école neutre et que nous avons citées dans le chapitre sur les devoirs des parents.

Aussi, en 1879, les évêques de Belgique interdirent formellement aux instituteurs et institutrices de continuer leurs fonctions dans les écoles officielles sous peine de privation des sacrements. A la suite de cette ordonnance, des milliers d'instituteurs et d'institutrices aimèrent mieux sacrifier leur position que d'enfreindre les lois de l'Église et donnèrent généreusement leur démission :

« La neutralité, en effet, fût-elle pratiquement possible, resterait néanmoins une faute grave de la part du maître qui voudrait l'appliquer rigoureusement. Il ne pourrait évidemment s'abstenir de parler des créatures et du Créateur, de l'histoire de l'humanité et de celui dont l'existence domine toute l'histoire et en est le centre, Notre-Seigneur Jésus-Christ, en qui les chrétiens reconnaissent le Sauveur et adorent le Dieu véritable. Parler de Jésus-Christ et rester invariablement neutre dans toutes ses expressions, c'est, pour le chrétien, dissimuler sa foi, et la dissimulation, en pareil cas, est une faiblesse dans la foi et un scandale pour les auditeurs. » (1)

En même temps qu'elle est en soi un péché personnel chez le maître qui enseigne, la neutralité est une source de perversion pour l'enfant. Obligé de tendre à Dieu par la connaissance et par l'amour, obligé de rendre au Créateur les hommages que lui doit la créature, l'enfant doit être formé à ces devoirs par l'éducation ; si celle-ci reste neutre et n'insiste pas sur cette obligation primordiale de toute créature humaine, non seulement elle est incomplète, mais elle fausse l'esprit de l'enfant et lui cause un dommage difficilement réparable.

Ces raisons suffisent pour interdire aux catholiques de participer à l'enseignement neutre.

Cependant, l'Église admet que la neutralité n'est pas

(1) Chanoine LAURENT, supérieur du Grand Séminaire de Besançon, *Le Droit public de l'Eglise* (ouvrage inédit).

intrinsèquement mauvaise et que le danger de perversion peut être rendu *éloigné* par l'emploi de remèdes efficaces.

Aussi, de même qu'en certaines circonstances et sous certaines conditions elle autorise les enfants à fréquenter des écoles neutres, ainsi elle permet parfois à des maîtres catholiques d'y enseigner.

Les évêques de Belgique s'étaient réservé la faculté d'accorder eux-mêmes les autorisations, et pour chaque cas en particulier (1). Ils les accordèrent généralement aux instituteurs exemptés du service militaire en raison de leurs fonctions, et qui devaient professer quelque temps encore pour échapper définitivement à la conscription, aux instituteurs âgés qui se trouvaient dans le cas de pouvoir toucher bientôt leur pension, aux instituteurs qui ne pouvaient résigner leurs fonctions sans être réduits à la misère.

Une semblable ordonnance n'ayant pas été publiée en France, il n'est pas nécessaire de recourir à l'évêque pour chaque cas en particulier, mais il faut des raisons analogues pour accepter ou continuer les fonctions d'instituteur dans l'enseignement neutre.

Ajoutons qu'une raison d'apostolat et le désir de maintenir dans un bon esprit une école qui pourrait devenir mauvaise sera aussi une raison suffisante.

3° *Si un instituteur ou un professeur a une raison suffisante pour enseigner dans une école neutre, il lui reste formellement interdit d'enseigner quoi que ce soit qui puisse être contraire à l'enseignement de l'Église, ou de mettre entre les mains des enfants des livres qui seraient de nature à ébranler leur foi et à corrompre leurs mœurs.*

Les évêques de Belgique n'accordèrent aux instituteurs l'autorisation d'enseigner dans les écoles publiques qu'à la condition que ceux-ci s'engageraient à donner leur démission le jour où ils seraient empêchés de con-

(1) Verhaegen, *La Lutte scolaire en Belgique*, p. 162.

former leur enseignement aux prescriptions de l'autorité ecclésiastique.

En effet, aucune raison ne peut autoriser un instituteur à enseigner des choses contraires à la doctrine de l'Église. En le faisant, il serait l'auteur d'une œuvre positivement et intrinsèquement mauvaise. Gardien de la foi des enfants, il s'en constituerait le corrupteur, et rien ne saurait excuser cette manière d'agir.

Non seulement l'instituteur ne doit rien enseigner qui soit contraire à la foi, mais il lui est formellement interdit de mettre entre les mains de ses élèves des livres défendus.

Nous avons exposé au paragraphe précédent quels sont ces livres (1). Outre ceux qui sont désignés nommément au catalogue de l'Index, ce sont ceux qui sont défendus par les décrets généraux de la Constitution *Officiorum ac munerum*. Ces livres rentrent aussi bien que les premiers parmi ceux que l'on ne doit ni lire ni conserver; en les mettant entre les mains de ses enfants, l'instituteur irait contre une prescription formelle de l'Église et exposerait ses élèves à un danger prochain de perversion. L'intention de corriger les erreurs de ces livres par son enseignement ne saurait l'excuser, parce que la prohibition de l'Église est absolue et que le maître ne pourra jamais détruire l'effet produit dans les âmes par ces livres mauvais.

Nous devons même ajouter que l'instituteur ne peut pas en conscience se plier à une injonction de ses supérieurs lui ordonnant de mettre de semblables livres entre les mains des enfants. Si cet ordre se produisait, l'instituteur aurait le devoir d'y résister et au besoin d'y répondre par la démission. Aucun dommage temporel ne saurait excuser cette coopération à une œuvre intrinsèquement mauvaise.

Cependant, quand se présentent des cas de ce genre, il est bon que l'évêque soit consulté. Faisons du reste

(1) Voir page 39.

remarquer que, en résistant à des supérieurs qui lui imposent des livres mauvais, l'instituteur use de son droit; car les écoles, de par la loi, doivent être neutres. Aussi, la démission ne sera pas généralement l'issue forcée de ce conflit.

4° *Les maîtres qui enseignent à leurs élèves des doctrines contraires à la foi ou mettent entre leurs mains des livres défendus doivent être privés de l'absolution, s'ils refusent de se soumettre, et au besoin être traités comme pécheurs publics et privés des sacrements.*

Ces maîtres, en effet, commettent une faute grave dont ils ne peuvent être absous qu'en promettant de se soumettre et de réparer le mal dont ils sont les auteurs. De plus, ils se mettent publiquement en rébellion contre les lois de l'Église, ils enseignent publiquement l'hérésie, et, quand ils ne tombent pas sous l'excommunication portée par la Bulle *Apostolicæ sedis* contre les fauteurs d'hérésie, ils doivent souvent être traités comme des pécheurs publics et privés des sacrements.

5° *Les maîtres qui enseignent dans des écoles neutres ne doivent pas attirer les enfants dans leurs établissements aux dépens des écoles catholiques.*

Léon XIII faisait remarquer, dans son Encyclique *Affari vos*, que « si l'Église a permis quelque part la fréquentation des écoles neutres, ce n'a été qu'avec peine, à son corps défendant, et en entourant les enfants de multiples sauvegardes, qui, trop souvent d'ailleurs sont reconnues insuffisantes pour parer au danger. »

Les enfants qui fréquentent les écoles neutres sont, en effet, dans une situation anormale, peu régulière, de beaucoup inférieure à celle des enfants qui fréquentent une école catholique. Ils se trouvent dans un danger plus ou moins éloigné de perversion, et l'enseignement qu'ils reçoivent à l'aide d'ouvrages neutres est toujours plus ou moins nuisible à leur foi. De plus, il y a toujours à craindre qu'un maître antireligieux ne succède au maître catholique et ne pervertisse complètement les enfants attirés dans l'école neutre par ce dernier.

Pour ces deux raisons, il est absolument interdit à un maître qui enseigne dans une école neutre d'attirer les enfants dans son établissement au détriment d'une école catholique. Les évêques belges en firent toujours une condition *sine qua non* des autorisations qu'ils donnèrent à des instituteurs d'enseigner dans une école neutre, et cette prescription est exigée par la simple raison (1).

6° *Les maîtres de l'enseignement neutre doivent laisser aux enfants la facilité d'apprendre la religion, de suivre les catéchismes et de pratiquer leurs devoirs et exercices religieux.*

L'Église, en effet, ne permet aux enfants de fréquenter une école neutre qu'à condition qu'ils recevront en dehors des classes une sérieuse instruction religieuse et une solide formation à la piété. L'instituteur doit donc laisser aux enfants la facilité d'apprendre la religion et de suivre les catéchismes.

Nous ferons remarquer que la loi de séparation de l'Église et de l'État (9 décembre 1905) renferme l'article suivant :

« Conformément aux dispositions de l'article 2 de la loi du 28 mars 1882, l'enseignement religieux ne peut être donné aux enfants âgés de six à treize ans inscrits dans les écoles publiques qu'en dehors des heures de classe. » (Art. 30.)

Il en résulte que les instituteurs ne peuvent pas en conscience retenir les enfants en dehors des classes, quand cette retenue ou cette prorogation des études

(1) Verhaegen, *La Lutte scolaire en Belgique*, p. 162.

empêchera les enfants de suivre les catéchismes ou de le faire avec profit.

En 1882, Mgr Bourret, évêque de Rodez, dans une *Consultation théologique,* rappelait en ces termes les obligations des instituteurs sur ce point :

« De toute manière, les maîtres et maîtresses d'école doivent laisser aux enfants le temps d'apprendre et de suivre à l'église ou ailleurs les leçons de doctrine chrétienne qu'ils ne donneraient pas eux-mêmes. C'est une condition *sine qua non* de la tolérance accordée dans les cas particuliers par le Saint-Office, et si quelqu'un d'eux se refusait à laisser le temps nécessaire pour cela aux enfants, sous prétexte de défense des règlements ou autrement, les parents devraient leur ordonner eux-mêmes de se rendre au catéchisme et au besoin les y conduire en personne. »

CHAPITRE IV

DEVOIRS DES CURÉS

Le Concile de Cologne tenu en 1860 déclare que l'Église a mérité le beau titre de *mère de l'École* :

« Celui qui aura quelque peu réfléchi, y est-il dit, comprendra bien vite que l'Église est considérée à juste titre comme la mère de l'école, non seulement parce qu'elle a fondé des écoles catholiques, mais encore parce qu'il lui appartient de ranimer continuellement l'école, de l'imprégner d'esprit de foi et de l'en nourrir. » (1)

Mais comment l'Église exercera-t-elle vis-à-vis des écoles cette sollicitude maternelle qui comprend à la fois des droits et des devoirs?

Les évêques ont été placés par le Saint-Esprit pour gouverner l'Église de Dieu (2). Chefs des Églises particulières, ils sont les dépositaires du magistère doctrinal de l'Épouse du Christ et de sa juridiction. C'est donc aussi en eux que résident les droits et les devoirs de l'Église en matière d'éducation. Parfois, les évêques exercent leur mission collectivement réunis en Conciles provinciaux ou œcuméniques; d'autres fois, ils agissent individuellement et par eux-mêmes. Mais, dans ce dernier cas, ils ont besoin d'aides et de coopérateurs destinés à faire connaître leurs enseignements au peuple et à réaliser leurs obligations. Ces coopérateurs

(1) *Conc. prov. Colonien.*, a. 1860. 2a Pars, c. XXIII. — Coll. Lac., t. V, col. 304.
(2) *Act.* XX, 28.

sont les curés placés par l'Evêque à la tête des Églises groupées autour de l'Église principale, et qui, avec elle, forment le diocèse dont l'Evêque est le chef. C'est donc le curé qui sera, en définitive, le dépositaire des devoirs de l'Église, en matière d'éducation, et le gardien de ses droits.

Aussi, le même Concile de Cologne, après avoir rappelé la haute mission de l'Église, se hâte-t-il d'ajouter :

« C'est pour cela que les curés, qui représentent l'Église dans leur paroisse, ont de très graves devoirs vis-à-vis des écoles. » (1)

On trouverait difficilement, dans les Synodes du XIXe siècle, un devoir plus fréquemment rappelé aux curés :

« Que les curés se souviennent, dit le Concile de Toulouse, que l'instruction des enfants et des petits rentre parmi les devoirs les plus graves de leur ministère, d'autant plus que les ennemis de notre sainte religion s'efforcent aujourd'hui, par tous les moyens, de pervertir, dès leurs plus tendres années, les âmes des enfants. » (2)

Le Concile de Bordeaux leur rappelle qu'il est impossible de restaurer dans une paroisse la foi et la piété sans assurer une meilleure éducation aux enfants (3); et les Pères du Concile de Cincinnati déclarent que la sollicitude que les pasteurs auront pour l'éducation des enfants sera le signe le plus certain de leur fidélité à Dieu (4).

Nous étudierons dans le prochain chapitre les devoirs des confesseurs. Auparavant nous voulons traiter des devoirs des curés en matière d'éducation uniquement

(1) *Conc. prov. Colonien., ibid.*

(2) *Decr. Conc. prov. Tolosan.*, a. 1850, tit. IV, c. III. — Coll. Lac., t. IV, col. 1065.

(3) *Conc. prov. Burdigalen.*, a. 1856, tit. II, c. IV. — Coll. Lac., t. IV, col. 707.

(4) *Litt. past. Conc. prov. Cincinnaten.*, II. — Coll. Lac., t. III, col. 1226.

quant au *for externe*, et nous les envisagerons au point de vue des écoles, au point de vue des parents et au point de vue des enfants.

§ I. — Devoirs des curés envers les écoles.

1° *Les curés doivent s'efforcer de tout leur pouvoir de fonder dans leur paroisse des écoles catholiques.*

La fondation d'écoles catholiques a toujours été l'une des grandes préoccupations de l'Église. Déjà, en 529, le Concile de Vaison ordonne la fondation d'écoles presbytérales (1). Au IXe siècle, Théodulfe, évêque d'Orléans, ordonne à ses prêtres d'en établir *per villas et vicos* et d'y enseigner gratuitement (2). Le Concile romain tenu en 826 s'exprime ainsi :

« On établira dans toutes les paroisses, à la campagne comme à la ville, des précepteurs et des maîtres d'école, pour enseigner les lettres, les arts libéraux et la doctrine chrétienne. » (3)

En 1179, le troisième Concile de Latran ordonne qu'il y ait dans chaque église cathédrale un précepteur muni d'un bénéfice, pour instruire les ecclésiastiques et tous les écoliers pauvres qui se présenteront.

« L'Église de Dieu est obligée, comme une bonne mère, dit le Concile, de pourvoir aux besoins des indigents, qu'il s'agisse des nécessités corporelles ou des biens de l'âme..... Personne n'exigera rien, pour l'exercice de cet enseignement..... » (4)

Ce décret est renouvelé en 1215 par le quatrième Concile de Latran, puis en 1547 par le Concile de Trente qui ordonne que, « dans les Églises dont les revenus

(1) Cf. Ozanam, t. IV, p. 452, 3.
(2) Marion, *Histoire de l'Eglise*, t. II, p. 164.
(3) Héfelé, *Conc.*, t. V, p. 245.
(4) Allain, *L'Instruction primaire en France avant la Révolution*, p. 248.

sont trop modiques et le clergé et le peuple trop peu nombreux pour qu'il soit utile d'entretenir un maître de théologie, il y ait du moins un maître de grammaire qui donnera des leçons gratuites aux clercs et pauvres écoliers afin qu'ils puissent plus tard en venir à de plus hautes études. » (1)

Les Conciles et les statuts synodaux antérieurs à la Révolution contiennent d'innombrables prescriptions concernant la fondation d'écoles catholiques (2).

Cette obligation de fonder des écoles catholiques est devenue de plus en plus grave, à mesure que l'enseignement est devenu de plus en plus mauvais. Aussi, la trouvons-nous rappelée aux curés presque dans tous les Conciles et Synodes du XIXe siècle :

« Que les pasteurs se rappellent, dit le Concile de Lyon, qu'il leur appartient, de par leur charge, de fonder des écoles et de les confier à des maîtres d'une vertu reconnue. » (3) « Ne soyez point tranquilles, disent les Pères du Concile de Westminster, avant que vous n'ayez pourvu à cette nécessité, et ne préférez rien à la fondation de bonnes écoles. *Là où pourront s'établir de nouvelles missions, nous préférons qu'on fonde une école qui puisse pendant quelque temps servir de chapelle, plutôt qu'une église sans école.* » (4)

Telle était aussi personnellement la pensée du cardinal Manning. On raconte que l'illustre prélat possédait depuis plusieurs années un terrain pour une cathédrale. La noblesse catholique d'Angleterre avait offert à plusieurs reprises de construire cette cathédrale. Le cardinal répondit :

« Je ne permettrai jamais qu'on donne un coup de

(1) *Conc. Trid.* (Sess. V.)
(2) ALLAIN, *L'Eglise et l'Enseignement populaire* (*Science et religion*), p. 39.
(3) *Decr. Conc. prov. Lugdunen*, a. 1850. Dec. XXV. — Coll. Lac., t. IV, col. 483.
(4) *Litt. syn. Patrum synodi prov. Westmonasterien.* a. 1852. — Coll. Lac., t. III, col. 1334.

bêche à la cathédrale avant que le dernier enfant catholique ne soit retiré des écoles protestantes. » (1)

On ne saurait trop insister sur le zèle que doivent avoir les curés pour la fondation des écoles catholiques.

« Les hommes de la Révolution m'ont ravi et détiennent mes états, disait un jour Pie IX avec tristesse : ce n'est pas ce qui m'afflige le plus. Ils dépouillent les monastères et les églises, font la guerre aux Ordres religieux : ce n'est pas ce qui déchire mon âme. Mais ils m'enlèvent la jeunesse catholique, ils arrachent à Jésus-Christ l'âme des enfants : voilà ce qui me perce le cœur. »

Aussi les curés ne doivent rien négliger pour fonder des écoles catholiques en face des écoles antichrétiennes :

« Nous savons bien, disent les Pères du Concile de Cincinnati, que l'on rencontrera des difficultés, mais nous savons aussi qu'elles ne sont point insurmontables; les moyens ne manqueront pas à celui qui voudra vraiment. » (2)

Quant à la nature de cette obligation, le même Concile estime qu'elle s'impose aux curés *sub gravi* :

« Les Pères du Concile ont estimé que tous les pasteurs d'âmes sont tenus *sub gravi* de pourvoir à une école catholique dans la paroisse ou l'institution qui leur est confiée, partout où la chose est possible. » (3)

Les évêques belges ne pensaient pas autrement quand ils disaient à leur clergé :

« Que les curés sachent bien qu'ils manquent gravement à leurs devoirs : *sese officio graviter defecturos*, s'ils ne font tous les efforts possibles pour fonder une école catholique dans chaque paroisse. » (4)

(1) *Annales catholiques*, 1884, p. 467.
(2) *Litteræ pastorales. Conc. prov. Cincinnaten.*, II, a. 1858. — Coll. Lac., t. III, col. 1226.
(3) *Acta et decreta Conc. prov. Cincinnaten.*, II, a. 1858. Dec. VI. — Coll. Lac., t. III, col. 209.
(4) *L'Ecole neutre en face de la théologie*, p. 43.

Pour remplir ce devoir, on a vu souvent des prêtres se faire eux-mêmes maîtres d'école. C'était chose commune avant la Révolution; on l'a vu souvent se renouveler dans ces dernières années en Bretagne et en Belgique (1), et Mgr Pie disait à ses prêtres en 1851 :

« Là où l'éducateur de l'enfance ne se montrerait pas digne de sa sainte mission; là surtout où, plusieurs cultes étant en présence, il n'existerait qu'une de ces écoles mixtes dont la lettre du nonce apostolique demande si instamment la suppression; là, enfin, où le chiffre inférieur de la population rendrait comme impossible la présence d'un instituteur laïque, j'approuverai de grand cœur que le curé ou le vicaire ouvre une école libre; et j'avoue que les prêtres qui s'acquitteront de cette fonction avec zèle et succès seront placés très haut dans mon estime. En enseignant aux enfants à épeler les lettres et à former les syllabes, ils inspireront dans leurs âmes des sentiments de foi et de vertu. » (2)

2° *Les curés doivent visiter avec soin les écoles catholiques de leur paroisse.*

Le Concile provincial d'Armagh en Irlande menace de la suspense *ferendæ sententiæ* tout curé qui ne visite pas au moins une fois par mois les écoles de sa paroisse où les prêtres peuvent être reçus (3).

Il appartient, en effet, aux curés de veiller à ce que dans les écoles rien ne se passe et rien ne soit enseigné qui puisse être contraire à la vertu et à la doctrine chrétienne. C'est à eux aussi qu'il appartient de veiller à ce que la piété et la foi règnent dans les écoles. Aussi leur attention devra se porter sur les maîtres et sur les élèves, comme sur les livres.

« Les curés doivent se souvenir, dit le Concile de Sens, qu'ils ont le devoir de visiter souvent les écoles;

(1) Verhaegen, *La Lutte scolaire en Belgique*, p. 185.
(2) Mgr Pie, *Œuvres*, t. Ier, p. 368.
(3) *Conc. prov. Armacan*, a. 1854. Dec. XXIV. *Coll. Lac.*, t. III, col. 852.

qu'ils prennent bien garde qu'il ne s'y introduise rien de mauvais. Ils poseront des questions aux enfants sur leurs études et plus souvent encore sur ce qui regarde la religion. Pour les exciter à la science et à la vertu par l'attrait de la récompense, ils leur offriront des prix et de petits présents. C'est à eux qu'il appartient de veiller à ce que les enfants ne reçoivent à l'école que des enseignements salutaires et qu'ils n'y apprennent que des choses bonnes, saintes et dignes de leur nom de chrétiens, de façon à ce qu'ils croissent en âge, en grâce et en sagesse devant Dieu et devant les hommes, et que cette génération forme un peuple qui loue le Seigneur. » (1)

« Que le curé visite de temps en temps les écoles des enfants, dit le Concile de Québec, non pas à la manière d'un censeur importun, mais plutôt comme un père et un ami, de façon à gagner au Christ le maitre et les élèves. » (2)

Le Concile d'Australie attire particulièrement l'attention des curés sur les maitres :

« Il appartient principalement aux curés de veiller sur les mœurs de ceux qui dirigent les écoles. Qu'ils ne souffrent pas que l'enseignement soit distribué dans leurs écoles par des maitres qui négligent leur devoir ou ne donnent pas à la jeunesse l'exemple d'une vie irréprochable. » (3)

Ils doivent aussi veiller sur les livres avec un soin minutieux :

« Que les curés examinent souvent les livres, dit le Concile de Bordeaux, qu'ils n'en approuvent aucun qui ne soit catholique et qu'ils aient soin de rejeter ceux qui, directement ou indirectement, sont contraires à la religion et aux bonnes mœurs; qu'ils réprouvent aussi

(1) *Dec. conc. prov. Senonem.* a. 1880. Tit. IV, cap. II. — Coll. Lac., t. IV, col. 900.
(2) *Conc. prov. Quebecen.*. II, a. 1854, décr. XV. — Coll. Lac., t. III, col, 655.
(3) *Conc. prov. Australien.*, I, a. 1844. Decr. XIV. — Coll. Lac., t. III, col. 1055.

les brochures qui, sciemment et avec malice, ne présentent la doctrine catholique que tronquée et mutilée. Il faut dire la même chose en ce qui concerne les spécimens ou modèles d'écriture que l'on doit mettre sous les yeux des enfants. » (1)

3° *Les curés doivent aussi porter leur surveillance sur les écoles publiques.*

Ce devoir du curé n'est qu'une conséquence du droit et du devoir qu'a l'Église de surveiller l'enseignement. Gardienne de la foi et de la morale, elle doit veiller à ce que, dans les écoles publiques, rien ne soit enseigné et ne soit pratiqué qui puisse mettre en danger l'âme des enfants. Aussi a-t-elle condamné la proposition suivante :

« Toute la direction des écoles publiques dans lesquelles la jeunesse d'un État catholique est élevée, si l'on en excepte dans une certaine mesure les Séminaires épiscopaux, peut et doit être attribuée à l'autorité civile, et cela de telle manière qu'il ne soit reconnu à aucune autre autorité le droit de s'immiscer dans la discipline des écoles, dans le régime des études, dans la collation des grades, dans le choix ou l'approbation des maitres. » (2)

Ce droit de l'Église était reconnu en France avant la loi de 1882 :

« Il y aura près de chaque école communale, dit la loi du 28 juin 1833, un Comité local de surveillance composé du maire ou adjoint président, du curé ou pasteur et d'un ou plusieurs habitants notables désignés par le Comité d'arrondissement. »

Et Cousin disait à ce propos à la Chambre des pairs :

« Les curés sont absolument nécessaires à la bonne et complète surveillance des écoles..... L'autorité religieuse doit être représentée d'office dans l'éducation de la jeu-

(1) *Decr. Conc. pror. Burdigalen.* a. 1850, tit. IV. — Coll. Lac., t. IV, col. 600.
(2) Prop. XLV du *Syllabus*.

nesse, tout comme l'autorité civile..... On dit que l'autorité religieuse pourra toujours, dans l'église ou dans le temple, exercer sur l'instruction religieuse des enfants la surveillance qu'elle n'exercerait pas dans l'école, mais nous répondons que, si elle n'intervient pas plus tôt et de bonne heure, elle aura souvent à réparer ce qu'il eût été plus sûr de prévenir. »

D'après la loi de 1850, le curé est au nombre de ceux qui sont chargés de l'inspection des établissements d'instruction publique ou libre (art. 18). Il fait partie des autorités locales préposées à la surveillance et à la direction morale de l'enseignement primaire pour chaque école. Il est spécialement chargé de surveiller l'enseignement religieux de l'école dont l'entrée lui est toujours ouverte (art. 44.). (1)

La loi scolaire de 1882 a écarté le curé de l'école, mais le droit de l'Église n'en demeure pas moins, et, aujourd'hui comme avant la loi, le curé est strictement obligé d'exercer sa surveillance sur les écoles publiques; aujourd'hui comme avant la loi, les curés doivent se soumettre aux prescriptions des Conciles, et, par les moyens que leur prudence et leur zèle leur suggéreront, s'informer de la moralité de l'école, de la conduite des maîtres, de l'enseignement qu'ils donnent à leurs élèves et des livres qu'ils leur confient.

« Que les curés se rendent compte des livres qui sont mis entre les mains des enfants, dit le Concile d'Albi, et s'ils trouvent dans les écoles quelque écrit, quelque enseignement, quelque fait qui soit de nature à nuire à la religion ou à l'intégrité des mœurs, qu'ils le corrigent, s'ils le peuvent, et, s'ils ne le peuvent point, qu'ils en avertissent l'évêque. » (2)

Mgr Bourret, évêque de Rodez, traçait en ces termes, en 1882, la conduite que devaient tenir les curés :

(1) Cf. *Ami du Clergé*. 1901. p. 1081.
(2) *Decr. Conc. prov. Albiensis*, a. 1850, tit. VIII. — Coll. Lac.. t. IV, col. 445.

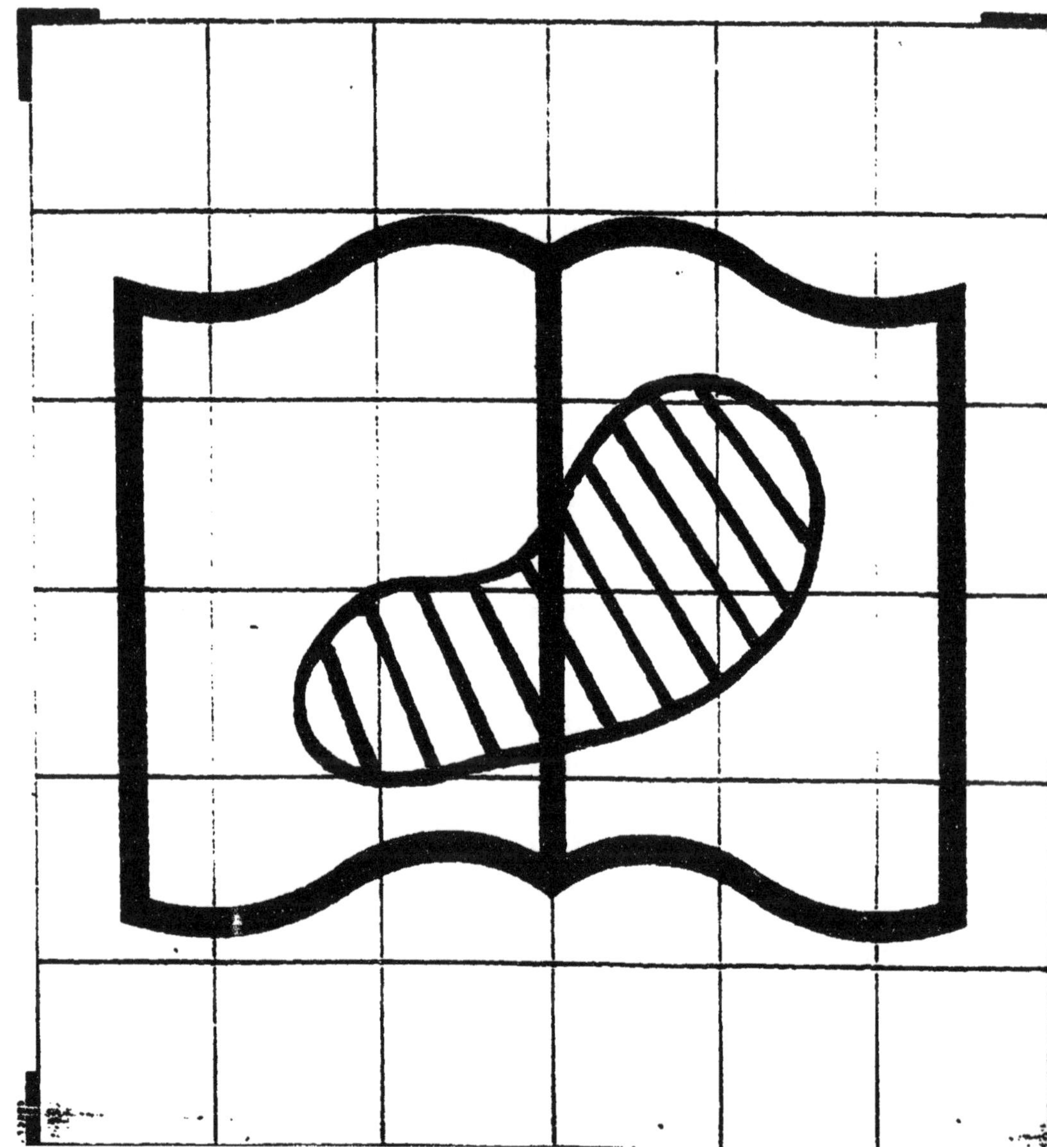

« S'il était prouvé par les dires des enfants, les rapports des parents ou la notoriété publique, qu'il existe des maîtres capables de trahir la mission de confiance qui leur a été donnée, les curés et confesseurs devraient d'abord avertir charitablement le maître, et, si celui-ci persistait, aviser les parents et les autorités académiques, municipales et administratives, et, s'ils ne réussissaient pas à faire cesser le scandale, prononcer le *non licet* et interdire, sous peine de refus de l'absolution, aux parents d'envoyer leurs enfants à l'école d'un pareil maître, et aux enfants de la fréquenter. » (1)

Quand l'enseignement des maîtres est positivement mauvais, quand les livres qu'ils mettent entre les mains des enfants sont de nature à nuire à leur foi et à leurs mœurs, le curé doit les avertir et leur rappeler leurs devoirs. Si, malgré cet avertissement, ils continuent leur œuvre néfaste, ils se mettent publiquement en opposition avec les lois de l'Église et de la morale. Ils doivent dès lors être traités comme des pécheurs publics, être privés des sacrements dont ils ne pourront plus désormais s'approcher qu'après une rétractation publique.

§ II. — Devoirs des curés envers les parents.

1° *Les curés doivent rappeler aux parents les devoirs qui s'imposent à eux relativement à l'éducation de leurs enfants.*

Les règles que nous avons exposées dans le chapitre sur les devoirs des parents sont aujourd'hui trop souvent oubliées. Les pères et mères de famille ne comprennent plus la gravité des obligations qui s'imposent à eux dans l'éducation de leurs enfants. Or, l'Église a député parmi eux un prêtre chargé de leur rappeler leurs devoirs et de faire briller à leurs yeux sa doctrine.

Il appartient donc au curé d'enseigner aux parents

(1) Consultation théologique.

leurs obligations. Il lui appartient de leur dire qu'il existe certaines écoles où ils ne peuvent mettre leurs enfants sous quelque prétexte que ce soit et quel que soit le dommage qu'ils en puissent éprouver; qu'il en est d'autres où ils ne peuvent mettre leurs enfants qu'avec des raisons graves et en employant certaines précautions indispensables; qu'enfin, à moins de circonstances très particulières, c'est à une école catholique qu'ils ont le devoir de confier leurs enfants.

Cette œuvre d'instruction, les curés la rempliront dans leurs prédications habituelles, avec toute la vigueur apostolique et la prudente sagesse qu'elle réclame, ou bien ils rappelleront individuellement les parents à leurs devoirs quand ceux-ci s'en seront écartés :

« Dans leurs prédications, dit le Concile de Westminster, les curés parleront souvent des devoirs des parents envers leurs enfants et du compte qu'ils auront à rendre au jugement de Dieu, si ceux-ci périssent par leur faute. » (1) « Que l'on fasse connaître aux parents, dit le Concile de Toulouse, que le droit naturel et le droit divin leur imposent l'obligation de ne confier leurs enfants qu'à des maîtres bien connus par l'honnêteté de leurs mœurs et par leur amour sincère de la religion. » (2)

Les Conciles d'Halifax et de Westminster rappellent aux prêtres qu'ils ont le devoir d'avertir les parents qu'il existe certaines écoles où ils ne peuvent mettre leurs enfants. Le premier vise surtout les écoles mauvaises :

« Que les prêtres, dit-il, veillent continuellement sur les écoles et qu'ils avertissent opportunément les parents qu'ils doivent éloigner leurs enfants des classes où ils sont exposés à perdre leur foi. » (3)

(1) *Conc. prov. Westmonasterien.*, I, a. 1852. Dec. VIII. — Coll. Lac., t. III, col. 921.
(2) *Dec. Con. prov. Tolosan*, a. 1850. Tit. I, cap. II. — Coll. Lac., t. IV, col. 1037.
(3) *Conc. prov. Halifaxen.*, a. 1857, dec. IX. — Coll. Lac., t. III, col. 737.

Le Concile de Westminster ordonne aux prêtres de faire connaître que cette prohibition s'étend aux écoles neutres :

« Que le prêtre avertisse les parents qu'il leur est interdit d'envoyer leurs enfants dans des écoles où, au grand détriment et au grand péril de la religion, on n'enseigne qu'une science mondaine. » (1)

Il ne sera pas inutile à ce propos de rappeler l'insistance avec laquelle saint Charles Borromée exhortait ses prêtres à remplir ces devoirs vis-à-vis des parents. Dans les monitions qu'il adressait à son clergé dans chaque Synode diocésain, il revenait à plusieurs reprises sur ce sujet (2). C'est pour faciliter à ses curés l'accomplissement de ce devoir qu'il leur avait ordonné de réunir dans l'église paroissiale les pères de famille, à certaines époques déterminées, spécialement pendant l'Avent et le Carême, et de les y instruire touchant leurs obligations (3).

2° *Les curés doivent en certains cas éloigner des sacrements les parents qui manquent à leurs devoirs dans l'éducation de leurs enfants.*

Nous avons cité précédemment (4) plusieurs textes de Conciles ordonnant de priver des sacrements les parents qui ne se conforment pas aux lois de l'Église en matière d'éducation. Rappelons seulement le texte du Concile d'Halifax :

« Si les parents envoient leurs enfants à des écoles dangereuses, y est-il dit, ou s'ils les exposent en quelque autre manière au naufrage de la foi, qu'ils soient punis au besoin par la privation des sacrements, car si quelqu'un n'a pas souci des siens et surtout de ses proches, il renie sa foi et devient pire qu'un infidèle. » (5)

(1) *Conc. prov. Westmonasterien*
(2) *Acta Eccles. Mediolanen.* Pars Iª, *Conc. prov.* IV, pars IIIª.
(3) *Acta. Eccles. Mediolanen. Ibid.*
(4) Ch. II, p. 28.
(5) *Conc. prov. Halifaxien*, I a. 1847. cap. IX.

Le curé devra donc soigneusement examiner quelle est la nature de l'école où certains de ses paroissiens envoient leurs enfants; est-ce une école positivement mauvaise, impie ou hérétique — ou bien est-ce une école simplement neutre? Il devra, suivant le cas, voir quelles sont les raisons que peuvent alléguer les parents pour agir de la sorte, et, lorsque sa conscience aura été suffisamment éclairée, il devra, s'il en est besoin, éloigner les coupables des sacrements et notamment de la communion.

§ 3. — Devoirs des curés envers les enfants.

1° *Le curé doit donner aux enfants l'instruction religieuse et les former à la piété.*

L'instruction religieuse des enfants a toujours été regardée comme l'un des premiers devoirs de la charge pastorale :

« Deux obligations principales ont été imposées par le Concile de Trente à ceux qui ont charge d'âmes, dit Benoit XIV : l'une est de parler au peuple des choses divines les jours de fête, *l'autre d'instruire les enfants et les ignorants des vérités élémentaires de la loi divine et de la foi.* » (1)

Ce devoir du reste a été rappelé encore par le Souverain Pontife Pie X dans son Encyclique *Acerbo nimis.*

Le catéchisme, en effet, ne l'oublions pas, c'est essentiellement l'école de l'Eglise, celle qui lui permet d'exercer son magistère d'éducation surnaturelle. Les pasteurs d'âmes en sont les maitres qualifiés, indispensables : ils en sont les maitres consacrés, agissant dans la dignité et la grâce du sacrement de l'Ordre et de leur mission authentique, comme les parents, dans leur sphère familiale, agissent dans la dignité et la grâce

(1) BENED. XIV, *Const. Etsi minime.*

du sacrement de Mariage. L'école est l'auxiliaire de la famille et du catéchisme; elle est une institution secondaire destinée à aider ou bien à achever l'œuvre de ces deux organismes fondamentaux.

Mais cette obligation, qui s'est imposée aux curés dans tous les temps, est devenue à notre époque plus grave que jamais en raison des périls où la foi et la vertu des enfants sont exposées; aussi devons-nous ajouter que *le curé doit s'appliquer avec d'autant plus de zèle à faire le catéchisme et à cultiver la piété dans les enfants que les dangers auxquels ils sont exposés sont plus graves.*

L'Église n'a toléré la fréquentation des écoles neutres en certaines circonstances qu'à la condition expresse qu'en dehors de l'école les enfants puissent recevoir une instruction religieuse solide et une sérieuse formation à la vertu. Outre les exercices de piété recommandés par les Conciles et destinés à donner cette formation, le catéchisme, à lui seul, s'il est bien compris et sérieusement enseigné, y contribuera pour une large part. Il faut bien se garder en effet de concevoir le catéchisme comme étant seulement une œuvre d'instruction; il doit être aussi une œuvre d'éducation. Mais il faut que les curés comprennent l'obligation grave qui leur est imposée par la situation douloureuse faite aujourd'hui aux enfants dans les écoles.

Ce devoir a-t-il toujours été compris?

Dans son numéro du 4 avril 1905, un journal anticlérical, le *Siècle,* publiait une lettre d'un instituteur public dont nous demandons la permission de citer quelques lignes. L'auteur ayant constaté dans les milieux qu'il avait pu observer une grande indifférence et une absence presque complète de croyances religieuses, il en recherchait la cause et l'exprimait dans ces réflexions suggestives :

« Lorsque j'étais assis sur les bancs de l'école primaire, c'est-à-dire il y a quelque trente ans, l'enseignement religieux prenait à l'école la moitié du temps des élèves.

» Le premier livre de lecture était le Psautier de David; le livre le plus étudié était le catéchisme; l'étude des Évangiles, des Épitres et de l'Histoire Sainte, dépassait de beaucoup en importance celle des autres matières.

» L'enseignement religieux était sérieux et réel, parce que donné par l'instituteur. Le curé ne jouait guère en tout ceci que le rôle de contrôleur.....

» En 1882, qu'arriva-t-il? L'enseignement religieux fut, à juste raison, chassé de l'école. L'instituteur eut-il un successeur? Aucun. Le curé, dont la besogne était précédemment faite par l'instituteur, n'augmenta pas d'un quart d'heure le temps qu'il consacrait à cet enseignement. Il est facile de se rendre compte que, dans ces conditions, la force des croyances religieuses devait diminuer de beaucoup dans le cerveau des enfants.

» A l'heure actuelle, l'instituteur tient les enfants pendant huit ans, à raison de six heures par jour, dans le but de leur inculquer des connaissances portant sur des matières concrètes. Il ne réussit pas toujours, et les jeunes conscrits, même pourvus du certificat d'études, peuvent passer pour très ignorants des choses qu'ils sont censés avoir sues.

» Mon voisin le curé ne donne qu'une heure d'enseignement par semaine, ce pendant trois ans seulement, et ses efforts portent sur une matière abstraite au premier chef. Si nous, dans un enseignement plus facile, parce que concret, nous ne réussissons pas, comment lui pourrait-il réussir? Cela lui est complètement impossible, du moins je le pense. »

Il y a, bien entendu, de très nombreuses réserves à faire ici; mais n'y a-t-il pas aussi une part de vérité?

Les ennemis de Dieu ne se sont pas contentés de supprimer dans les écoles l'enseignement religieux; ils ont tendu partout des pièges à la foi et à la vertu de l'enfant. Il est nécessaire que le prêtre redouble de zèle pour défendre cette foi et cette vertu. Aussi, le Concile de Baltimore insiste-t-il tout particulièrement sur ce devoir;

« Les Pères de ce Concile plénier ne peuvent pas, dit-il, ne pas reconnaître et ne pas proclamer publiquement que les soins qui ont pour but de former le jeune âge et l'adolescence aux habitudes chrétiennes doivent être considérés comme occupant la plus grande place parmi les soucis de la charge pastorale; et cela d'autant plus qu'aujourd'hui les ennemis de notre religion s'efforcent, par tous les moyens, de pervertir l'âme des enfants dès ses plus tendres années. » (1) « Que le curé, dit le Concile de Bordeaux, prenne un soin tout spécial des enfants; qu'il attire les plus petits à l'église dès leurs plus tendres années, afin que, par les moyens variés que lui suggérera son zèle, il fasse pénétrer la piété et la vérité jusqu'au plus profond de leur cœur et de leur esprit. » (2)

Les exhortations de la Propagande aux évêques d'Amérique sont plus pressantes encore :

« Que les curés et les missionnaires, y est-il dit, se souviennent des prescriptions établies très sagement en cette matière par le Concile de Baltimore; qu'ils s'appliquent soigneusement à leurs catéchismes et qu'ils s'attachent tout particulièrement à expliquer les vérités de foi et les vérités morales qui sont attaquées par les incrédules et les hérétiques. Qu'ils s'efforcent de tout leur pouvoir de fortifier la jeunesse, si exposée à tant de périls, et de la prémunir par l'usage fréquent des sacrements et par une tendre piété envers la Vierge Marie; qu'ils l'excitent par tous les moyens à s'attacher fortement à la religion. »

Dans cette christianisation de l'enfance, qu'il nous soit permis de signaler les patronages et les œuvres de jeunesse comme devant être un puissant moyen de compléter et d'assurer l'œuvre du catéchisme. Ces institutions sont, du reste, devenues nécessaires par suite de l'œuvre néfaste des ennemis de la religion.

(1) *Decr. Conc. Plenarii Baltimoren.* II, a. 1866, tit. IX, c. I. — Coll. Lac. t. III, col. 545.

(2) *Decr. Conc. prov. Burdigalen.*, a. 1859, tit. III, c. IV. — Coll. Lac., t. IV, col. 760.

2° *Les curés doivent s'efforcer d'obtenir que les enfants ne fréquentent pas les écoles neutres ou hostiles, mais viennent aux écoles catholiques.*

Cette obligation n'est qu'une conséquence de la mission du curé qui est chargé de soustraire l'âme de ses paroissiens aux périls qui la menaçent, et les Conciles n'ont pas manqué de préciser ce point et d'attirer particulièrement sur lui l'attention des curés :

« Nous avertissons avec instance les pasteurs d'âmes, dit le Concile de Cincinnati, qu'ils doivent employer tous leurs efforts à détourner tous les enfants qui leur sont confiés, garçons et filles, de la fréquentation des écoles où ils ne peuvent aller sans mettre gravement en péril leur foi et leurs mœurs. » (1) « Que les curés s'efforcent de tout leur pouvoir, disent les évêques d'Irlande, d'empêcher dans leurs paroisses l'érection d'écoles destinées à détruire la foi des enfants, et si, malgré tout, il en est fondé, qu'ils s'efforcent d'en détourner les enfants catholiques, avec prudence, sans doute, mais néanmoins par des mesures efficaces. » (2)

3° *Les curés doivent en principe refuser d'admettre à la Première Communion les enfants qui fréquentent une école positivement mauvaise. Toutefois, pour l'application de ce principe, ils devront en référer à la prudence de l'évêque.*

« Là où enseigne le maître hérétique, dit un Concile de Bordeaux, que tous sachent bien qu'on doit s'en écarter sous peine d'être soi-même écarté des sacrements. » (3)

(1) *Decr. Conc. prov. Cincinnaten.* I. dec. XIV. — Coll. Lac., t. III, col. 197.
(2) *Syn. plen. Episcoporum Hiberniæ apud Thurles*, a. 1850, dec. XVIII. — Coll. Lac., t. III, col. 789.
(3) *Conc. prov. Burdigulen.*, a. 1854, t. III, c. VI. n° 4. — Coll. Lac., t. IV, col. 713.

CHAPITRE V

DEVOIRS DES CONFESSEURS

Saint Alphonse de Liguori (1) et, après lui, la plupart des théologiens déclarent qu'au tribunal de la Pénitence le prêtre joue à la fois le rôle de père, de docteur, de juge et de médecin.

C'est un père qui accueille avec bonté ses enfants égarés; c'est un docteur qui enseigne avec autorité; c'est un médecin qui panse avec charité les plaies des âmes et leur applique les remèdes; c'est un juge qui prononce des sentences avec justice. Ce sont ces différents points de vue que nous devons considérer afin d'énoncer les principes qui doivent diriger le confesseur dans cette matière si délicate de l'éducation des enfants.

§ I. — Le Père.

Le confesseur doit accueillir et traiter avec la plus grande bonté tous ses pénitents et spécialement ceux qui, par leur faute ou par nécessité, n'ont pas observé les lois de l'Église en matière d'éducation.

La bonté est la première qualité du confesseur. C'est au tribunal de la Pénitence surtout que le prêtre est un autre Christ, et il doit y apporter les sentiments qui ont animé l'âme sainte du Sauveur; il n'y verra donc que des âmes à sauver et il se rappellera qu'on ne les sauve que par la charité.

Or, parmi les âmes qui ont le plus besoin de son

(1) *Praxis Confessarii*, n° 2 et suiv.

ministère, il faut ranger en première ligne celles qui, pour un motif ou pour un autre, se sont écartées des lois de l'Église en matière d'éducation. Il faut alors que le prêtre se dépouille de tout sentiment humain; suivant les prescriptions de Léon XII, « qu'il s'arme de la miséricorde du Christ qui n'est pas venu appeler les justes, mais les pécheurs, et qu'il se rappelle bien qu'avec eux il doit user de zèle, de patience et de douceur. » (1)

Le confesseur pourra avoir dans sa paroisse des écoles catholiques florissantes donnant les meilleures garanties pour l'instruction et pour l'éducation, et rencontrer néanmoins des parents obstinés à ne pas y envoyer leurs enfants, des instituteurs et institutrices qui sembleront combattre son œuvre, des enfants qu'il n'aura pu amener encore à ces écoles. Dès qu'il les voit s'approcher de son confessionnal, qu'il se garde bien d'aucune mauvaise humeur, mais qu'il les accueille avec douceur, qu'il les écoute avec patience et qu'il use de toutes les ressources de son zèle afin de sauver ces âmes.

§ II. — Le Docteur.

Au tribunal de la Pénitence, le prêtre est l'interprète autorisé de la volonté de Dieu sur les âmes. Les fidèles ont le droit de trouver sur ses lèvres les paroles qui leur tracent leurs obligations et il a le devoir de leur faire connaître les lois de l'Église pour les appliquer à leurs âmes.

Nous résumerons en trois principes les obligations du confesseur sur ce point :

1° *Il doit connaître les lois de l'Église et les principes de la morale catholique en matière d'éducation.*

Ces lois et ces principes sont ceux-là mêmes que nous

(1) Léon XII, Bulle *Caritate Christi*, 25 déc. 1825.

avons exposés dans nos précédents chapitres. La délicatesse et l'importance de la matière exigent qu'il en soit fait une étude approfondie. Le confesseur doit savoir quelles sont les écoles où les parents ne peuvent à aucun prix mettre leurs enfants, à quelles conditions ils peuvent les mettre dans certaines autres. Il doit connaître quelles sont les obligations des maîtres, dans quelles maisons ils ne peuvent enseigner. Des erreurs sur ces points pourraient avoir les conséquences les plus graves et il importe que chaque confesseur possède ces règles avec précision.

2° *Il doit rappeler aux parents, aux maîtres et aux enfants eux-mêmes quels sont leurs devoirs en cette matière.*

Il n'est pas rare de rencontrer des parents qui se disent chrétiens et qui n'ont aucunement conscience de leurs obligations vis-à-vis de l'âme de leurs enfants. Il est fréquent de trouver des instituteurs et des institutrices qui ont quelque prétention à la piété, parfois même à la communion fréquente, et qui manquent à leurs devoirs les plus sacrés, mettant en particulier entre les mains de leurs élèves, au grand détriment de leur foi et de leur vertu, des livres condamnés par l'Église. Il appartient au confesseur de rappeler aux uns et aux autres leurs obligations et de les instruire avec précision sur chacun des points sur lesquels ils ont besoin d'être éclairés. Il devra également apprendre aux enfants qu'ils ont eux aussi des obligations; qu'ils doivent, en certains cas, demander à leurs parents de ne plus fréquenter telle école où leur foi et leur vertu sont en danger, qu'en d'autres cas ils doivent prendre certaines précautions et user de certains remèdes.

3° *Le confesseur ne devra même pas habituellement et d'une façon générale laisser ses pénitents dans la bonne foi en cette matière, bien qu'il prévoie qu'ils n'obéiront pas à ses conseils.*

Le principe précédent ne comprend que le cas où le

confesseur peut prévoir que le pénitent obéira à ses conseils. Mais il peut se faire que le confesseur prévoie que le pénitent, quand il connaîtra son devoir, ne s'y soumettra pas.

Même alors, le confesseur ne peut pas, d'une façon habituelle et générale, laisser le pénitent dans la bonne foi. C'est, en effet, une règle en théologie morale que « si l'erreur du pénitent tourne au détriment du bien public, on doit l'avertir et l'instruire et cela, quand bien même le confesseur n'a pas lieu d'espérer que l'avertissement soit reçu. » Or, que des parents confient leurs enfants à des écoles mauvaises, outre qu'ils pervertissent l'âme de ces enfants, ils donnent un exemple funeste au bien public; qu'un maître donne oralement ou par des livres un enseignement mauvais à ses élèves, c'est un scandale public : que des enfants fréquentent une école impie, c'est tout au moins une excitation publique donnée au péché, surtout si l'on sait qu'ils le font au vu et au su de leur confesseur et en continuant de fréquenter les sacrements.

Dans ces conditions, bien que le confesseur prévoie que le pénitent ne changera pas de conduite, il doit l'avertir, car, dit saint Alphonse :

« Quoique le confesseur soit tenu, en raison de son office, de chercher principalement le bien du pénitent, néanmoins, comme il fait partie lui-même de la société chrétienne et qu'il a été établi ministre dans l'intérêt de cette société, il est tenu de préférer le bien public au bien du pénitent. » (1)

Nous avons ajouté *habituellement et d'une façon générale*. Il peut en effet se présenter des cas où le confesseur pourra laisser le pénitent dans la bonne foi s'il prévoit que le pénitent ne changera pas de conduite.

En ce qui concerne les *parents*, Mgr Perraud, évêque

(1) Lib. VI. Tract. IV. *De penit.*, n° 615. Cf. la brochure *L'Ecole neutre en face de la théologie*, p. 134.

d'Autun, traçait en ces termes, en 1883, les règles que doit suivre le confesseur :

« S'il prévoyait une résistance invincible de la part de quelques parents qui, se trouvant dans une position exceptionnelle, ne se croiraient pas obligés de subir les inconvénients considérables qui résulteraient pour eux de l'obéissance au confesseur, avant de détruire la bonne foi de ces pénitents il faudrait examiner la nature et l'imminence du péril de l'enfant et la conséquence du mauvais exemple. Après cet examen, nous exigerions trois conditions pour laisser subsister la bonne foi : 1° que les inconvénients prévus soient réellement exceptionnels; 2° que les précautions prises pour sauvegarder la foi de l'enfant soient véritablement efficaces pour obtenir ce résultat; 3° que cette tolérance ne devienne pas un exemple contagieux pour la paroisse. » (1)

En ce qui concerne les *maîtres*, s'ils donnent un enseignement mauvais ou s'ils mettent entre les mains de leurs élèves des livres positivement mauvais, il nous paraît difficile de les laisser dans la bonne foi. En effet, cette façon d'agir est directement opposée au bien public, aucune raison ne saurait l'excuser et le maître ne saurait neutraliser son action par aucun remède efficace.

En ce qui concerne les *enfants*, deux hypothèses sont possibles : ou bien l'enfant est libre de quitter l'école et alors il doit toujours être averti, ou bien il est forcé de la fréquenter et alors il est dans une occasion nécessaire de péché; il faut, en ce cas, attirer son attention sur ce péril en lui indiquant les remèdes nécessaires; mais ceci relève du rôle de médecin que nous étudierons plus loin.

§ III. — Le Juge.

Au tribunal de la pénitence, le prêtre est investi d'un pouvoir surhumain ; ce qu'il lie sur la terre est lié dans

(1) Mgr Perraud, *Consultation théologique*.

le ciel et ce qu'il délie sur la terre est délié dans le ciel. Mais, en portant ses jugements, il y a des règles dont il ne peut s'écarter, sous peine de commettre lui-même une faute grave et de nuire à l'âme du pénitent. Ces règles ont été fixées par la théologie morale. Il suffit que nous en fassions ici une application pratique à la matière qui nous occupe. Nous nous contenterons, du reste, de préciser les cas où le prêtre devra refuser d'absoudre le pénitent.

Rappelons d'ailleurs que le confesseur, même lorsqu'il est juge, ne cesse pas d'être père et médecin, et qu'il ne doit refuser l'absolution qu'après avoir épuisé toutes les ressources du zèle le plus surnaturel et le plus dévoué pour instruire le pénitent et l'amener par tous les moyens possibles à s'amender.

1° *Le confesseur devra refuser l'absolution aux parents qui ne remplissent pas leurs devoirs, en ce qui concerne l'éducation de leurs enfants, et qui refusent de se corriger.*

L'Instruction de la Propagande aux évêques d'Amérique s'exprime ainsi :

« Quant aux parents qui négligent l'instruction et l'éducation chrétiennes de leurs enfants; — quant à ceux qui permettent à leurs enfants de fréquenter des écoles où la ruine de la foi ne peut être évitée; — quant à ceux enfin qui ont chez eux une école catholique convenablement adaptée pour donner l'instruction voulue, ou qui peuvent facilement faire élever leurs enfants chrétiennement dans une autre région, et qui néanmoins les confient à des écoles publiques, sans raison suffisante et sans employer les précautions nécessaires pour que le péril, de prochain, soit rendu éloigné, il est manifeste, d'après la morale catholique, que s'ils sont contumaces, ils ne peuvent être absous au saint tribunal de la Pénitence. »

En conséquence, si le confesseur se trouve en présence de parents qu'il aura dû rappeler à leurs devoirs, suivant les règles que nous avons exposées plus haut il devra refuser l'absolution :

1° Aux parents qui, ne confiant leurs enfants à aucune école, négligent de leur donner chez eux l'instruction et l'éducation chrétiennes et ne promettent pas d'y pourvoir, ne serait-ce que par la fréquentation des catéchismes;

2° A ceux qui, après avoir été dûment et paternellement avertis, refusent de retirer leurs enfants d'une école positivement mauvaise;

3° A ceux qui entendent continuer d'envoyer leurs enfants dans une école neutre sans raison suffisante et sans prendre les moyens nécessaires pour en combattre la mauvaise influence.

2° *Le confesseur devra refuser l'absolution aux maîtres qui enseignent aux enfants des doctrines contraires à la foi ou qui mettent entre leurs mains des livres mauvais et qui se proposent de continuer malgré les avertissements donnés.*

Cette règle que nous avons déjà énoncée est assez claire et assez évidente par elle-même sans qu'il soit nécessaire d'y insister. Rappelons seulement que, en aucun cas, le confesseur ne pourra se baser sur la bonne foi du pénitent pour lui donner l'absolution.

3° *Le confesseur devra refuser l'absolution aux maîtres qui refusent de quitter une école positivement mauvaise où, en conscience, et d'après l'avis de l'évêque, ils ne peuvent enseigner, ou qui manquent gravement, sans intention de s'amender, aux règles que nous avons établies dans le chapitre sur le devoir des maîtres.*

C'est à ce chapitre que nous renvoyons pour l'explication de cette règle (1).

4° *Le confesseur devra refuser l'absolution aux*

(1) Voir p. 31 et suiv.

enfants qui auront perdu la foi, s'il ne peut la leur rendre après avoir épuisé pour cela tous les moyens; — à ceux qui s'exposent volontairement au péril en fréquentant de leur plein gré une école positivement mauvaise; — à ceux enfin qui refuseraient de prendre les moyens nécessaires pour préserver leur foi et leur vertu alors qu'ils fréquentent une école neutre ou qu'ils sont forcés de fréquenter une école positivement mauvaise.

La situation des enfants fréquentant des écoles condamnées par l'Église sera souvent pour le confesseur le sujet d'une grande douleur. Ces pauvres enfants sont en effet habituellement beaucoup moins des coupables que des victimes d'une négligence inexcusable ou d'une impiété haineuse; le confesseur devra donc user à leur égard d'une très grande bonté et trouver dans son cœur sacerdotal des trésors d'une paternelle mansuétude. Et cependant, il est des cas où malgré tout il devra prononcer une sentence de condamnation.

Dans son Instruction aux curés de Rome, en date du 12 juillet 1878 et relative à la fréquentation des écoles hérétiques, le cardinal vicaire de Léon XIII s'exprimait ainsi :

« A considérer la chose en elle-même, les enfants qui fréquentent de semblables écoles sont eux aussi coupables de péché grave. Néanmoins, quand ils sont vraiment forcés de les fréquenter, le confesseur doit considérer les circonstances de temps et de choses et agir avec eux d'après les règles que les auteurs approuvés ont établies pour des cas semblables. »

Ces règles nous paraissent résumées dans le principe que nous avons énoncé. En effet : *a*) Toutes les fois que le confesseur aura constaté que la foi a disparu dans l'âme d'un enfant, par suite de l'enseignement qu'il a reçu à l'école, il devra s'efforcer, par les moyens que lui suggérera son zèle et sa charité, de la rendre à l'enfant, mais, s'il n'y parvient pas, celui-ci n'est plus dans les conditions voulues pour recevoir l'absolution.

Ce cas n'est malheureusement pas chimérique : on pourrait dire peut-être qu'il est fréquent. L'enseignement distribué dans les écoles a créé toute une légion de sceptiques précoces et d'impies de dix ans. Leur donner l'absolution après la constatation d'un pareil état constituerait évidemment une faute grave chez le confesseur.

b) Si le confesseur rencontre des enfants fréquentant une école positivement mauvaise de leur plein gré et à qui il suffirait de demander à leurs parents de les envoyer à une autre école pour que ceux-ci se rendent à leur désir, le confesseur devra leur imposer cette obligation. S'ils refusent de l'accomplir, ils devront être privés de l'absolution. Peu importe en effet que l'école n'ait pas exercé jusqu'alors sur eux d'influence bien grave; peu importe qu'ils essayent de neutraliser l'influence de l'école; ils se trouvent dans un danger prochain de péché qui ne peut généralement pas être rendu suffisamment éloigné par les moyens que prendrait l'enfant.

c) Habituellement, l'enfant sera forcé par ses parents de fréquenter une école positivement mauvaise. Alors, s'il consent à employer les moyens que devra lui suggérer le confesseur et que nous indiquerons dans le paragraphe suivant; si, par ailleurs, il a conservé la foi, le confesseur devra lui donner l'absolution. L'enfant, en effet, se trouve dans une occasion nécessaire et fait ce qui lui est possible pour en éviter le danger. Si, au contraire, l'enfant refusait de prendre ces moyens, il ne pourrait être absous.

d) Le confesseur devrait tenir une conduite semblable vis-à-vis des enfants qui fréquentent une école simplement neutre et qui refusent d'user des remèdes que l'Eglise ordonne d'employer à ceux qui sont forcés de fréquenter ces écoles. L'école neutre, en effet, par sa nature même, constitue un péril qui a besoin d'être rendu éloigné. Un enfant qui, fréquentant une école neutre, refuserait de prendre les moyens nécessaires pour rendre ce péril éloigné serait volontairement dans un danger prochain de péché et ne pourrait pas, en conséquence, recevoir l'absolution.

5° *Le confesseur devra différer l'absolution :*

a) Lorsqu'il y aura eu scandale public exigeant une réparation publique.

b) Lorsque le confesseur aura des raisons graves de penser que les promesses ne sont pas sincères, par exemple lorsqu'une promesse plusieurs fois donnée n'aura pas été tenue.

Le confesseur se trouvera alors en présence de rechutes plusieurs fois répétées, et il appliquera les règles données par les auteurs de théologie morale concernant les habitudinaires.

§ IV. — Le Médecin.

Le prêtre est médecin au confessionnal; il voit venir à lui des âmes blessées et malades; il doit étudier leurs maladies, panser leurs plaies, appliquer les remèdes qui guériront leurs maux.

Sans doute, le grand remède, ce sera la grâce sacramentelle de l'absolution. Mais, pour produire tout son effet, la grâce a besoin de rencontrer des âmes bien disposées et elle doit être conservée par l'emploi de certains moyens et précautions indispensables. Par ses conseils et ses exhortations, le confesseur s'efforcera d'atteindre ce double résultat.

1° *Le confesseur doit s'efforcer de préparer à l'absolution ses pénitents mal disposés.*

« Il existe des confesseurs, dit saint Alphonse, qui ne font aucune autre interrogation que celles concernant l'espèce et le nombre des péchés. S'ils trouvent le pénitent bien disposé, ils lui donnent aussitôt l'absolution. Sinon, ils le renvoient en lui disant avec un regard farouche : *Retirez-vous, je ne puis vous absoudre.*

Les bons confesseurs procèdent tout autrement. Ils commencent par chercher l'origine et la gravité du mal; ils interrogent le pénitent sur l'habitude du péché, ses occasions, le temps, le lieu, les personnes, les choses qui ont quelque rapport avec lui. Par cette méthode, ils pourront mieux corriger les pénitents, les disposer à l'absolution et leur suggérer des remèdes. » (1)

En matière de confession, le confesseur ne se hâtera donc pas de renvoyer des pénitents mal disposés, mais il s'efforcera, avec toute la charité de son cœur sacerdotal, de les amener à de meilleures dispositions.

S'il s'agit de parents, après leur avoir rappelé les lois de l'Église, il les exhortera à s'y soumettre en leur montrant la grandeur du rôle que la Providence leur a confié vis-à-vis de leurs enfants, à quels périls ils s'exposent s'ils ne se soumettent pas à ces lois et quel dommage irréparable ils causeraient à des enfants qu'ils aiment tendrement.

Ils agiront de même vis-à-vis des maîtres.

S'ils rencontrent des enfants dont la foi est ébranlée, ils s'efforceront de la raffermir. A d'autres ils feront prendre conscience de leurs obligations et les amèneront peu à peu à les vouloir accomplir.

2° *Le confesseur assurera les fruits de l'absolution en indiquant ou en prescrivant aux pénitents les moyens à employer pour persévérer dans le bien.*

A des parents ou à des maîtres, le confesseur aura souvent à donner des conseils pratiques qu'il devra déterminer d'après les circonstances.

Aux enfants fréquentant des écoles neutres, le confesseur devra imposer l'obligation de suivre les catéchismes; il les excitera à la prière, les exhortera à entrer dans quelque association pieuse, spécialement dans un patronage catholique; il les invitera à s'approcher des sacrements aussi souvent que possible.

(1) *Praxis Confessarii*, c. 1, § 2.

Ces remèdes seraient bien plus nécessaires encore si l'enfant était forcé de fréquenter une école positivement mauvaise. Le confesseur lui conseillerait en outre d'étudier et de se faire expliquer la doctrine catholique sur les points qu'il entendrait attaquer en classe ou qu'il verrait combattus dans ses livres. Si l'école était positivement mauvaise parce qu'elle est un danger pour les mœurs de l'enfant, le confesseur lui interdirait certaines fréquentations, lui inspirerait une grande dévotion à la Sainte Vierge et lui donnerait tous les conseils que doivent donner les confesseurs aux pénitents exposés à ces sortes de fautes par suite d'un danger prochain nécessaire.

CHAPITRE VI

DEVOIRS DES FIDÈLES

Il y a quelques années, un pasteur protestant d'Amérique, le Rév. Clarke, d'Albany, affirmait publiquement qu'aux États-Unis « les écoles publiques ont enlevé aux catholiques dans l'espace de douze ans 1 990 000 membres », et il ajoutait : « De grandes masses de catholiques ont succombé sous l'influence de nos institutions, *et le facteur le plus efficace de cette œuvre, c'est notre admirable système d'écoles.* » Un religieux américain, le P. Gleeson, disait dans le même sens : « C'est le système des écoles publiques, qui, d'après des preuves irréfutables, *a miné et détruit la foi de millions de nos enfants.* » (1)

Ces constatations sont effrayantes, et si les résultats des écoles publiques en Amérique ont été à ce point déplorables, qui pourra calculer le mal fait en France depuis vingt-cinq ans par les lois scolaires ? La neutralité, en effet, déjà si pernicieuse, est trop souvent ouvertement violée pour faire place à un enseignement nettement antireligieux. Les cardinaux français le constataient déjà en 1892 dans une déclaration publique.

« On voit tous les jours, disaient-ils, cette neutralité se transformer en hostilité flagrante : l'enseignement religieux n'est point seulement écarté de l'école primaire, il est souvent couvert de mépris par des hommes sans croyances, incapables de se contenir et sûrs de n'être pas désavoués. »

(1) *Annales catholiques*, 1884, p. 485.

Ce péril scolaire, qui s'est encore considérablement aggravé depuis 1892, ne crée pas seulement des obligations au prêtre, il en impose aux fidèles et il nous reste à les exposer rapidement :

1° *Les fidèles doivent aider les prêtres dans la fondation d'écoles catholiques, et cette obligation pourra devenir pour quelques-uns un devoir grave.*

Nous l'avons dit précédemment, l'œuvre des école catholiques a toujours été considérée dans l'Eglise comme étant de première importance. C'est ainsi que la concevait déjà Adrien Bourdoise, prêtre de Saint-Nicolas du Chardonnet, dans cette lettre éloquente qu'il adressait à son saint ami M. Olier :

« Pour moi, disait-il, je le dis du meilleur de mon cœur, je mendierais de porte en porte pour faire subsister un vrai maître d'école, et je demanderais comme saint François-Xavier à toutes les Universités du royaume des hommes qui voulussent, non pas aller au Japon ni dans les Indes prêcher les infidèles, mais du moins commencer une si bonne œuvre. Les meilleurs prêtres, les plus grands, les docteurs de Sorbonne n'y seraient pas de trop. Parce que les écoles de paroisses sont pauvres et tenues par des pauvres, on s'imagine que ce n'est rien : c'est cependant l'unique moyen de détruire les vices et d'établir la vertu, et je défie tous les hommes ensemble d'en trouver un meilleur. »

Aussi l'Église a-t-elle toujours estimé et estime-t-elle aujourd'hui plus que jamais que la fondation d'écoles catholiques est un devoir strict des curés (1).

Mais le clergé ne saurait remplir ce devoir s'il n'est efficacement aidé par les fidèles. Cette obligation était autrefois rappelée au peuple en termes énergiques. On lit dans les *Statuts d'Arras*, publiés en 1590, l'article suivant :

« Généralement, qu'en toute paroisse chaque curé

(1) Voir le chapitre v.

déclare aux paroissiens qu'ils fassent ériger des écoles pour instruire la jeunesse, à peine de payer au doyen pour chaque visite 60 patars, et après les rapports être punis à la discrétion de l'official. »

Les recommandations de l'Église en cette matière sont plus pressantes que jamais, aujourd'hui que le péril est plus grand. Voici ce que nous lisons dans le *Catéchisme de l'école*, approuvé par Mgr l'évêque de Gand :

« D. L'aumône pour les écoles catholiques est-elle obligatoire?

» R. Oui. En cas de danger grave pour le corps l'aumône est obligatoire; à plus forte raison l'est-elle en cas de danger grave pour l'âme. Tel est le danger des enfants dans les écoles de l'Etat : ces enfants sont constamment en danger de perdre la foi et les mœurs. »

« Nous prions et nous supplions les fidèles, par les entrailles de la miséricorde du Christ, dit le Concile de Westminster, d'aider les prêtres dans la création d'écoles catholiques. Aucun moyen ne peut leur être plus profitable devant Dieu que de promouvoir l'instruction des enfants dans la foi et dans la piété. » (1)

La Sacrée Congrégation de la Propagande, dans son Instruction aux évêques d'Amérique, en date de 1875, leur rappelait le zèle qu'ils devaient déployer dans l'érection des écoles catholiques et ajoutait :

« Afin que les ressources nécessaires pour une si grande œuvre soient fournies volontiers et abondamment par les fidèles, il est indispensable que les évêques saisissent toutes les occasions qui leur sont offertes, soit dans leurs lettres pastorales, soit dans leurs discours, soit dans leurs entretiens privés, pour avertir les fidèles *qu'ils manqueraient gravement à leurs devoirs* s'ils ne pourvoyaient aux écoles catholiques en leur accordant toute la sympathie et toutes les aumônes qu'ils peuvent leur accorder. Les évêques rappelleront particulièrement ce devoir à ceux qui tiennent un rang supérieur

(1) *Conc. prov. Westmoncesterien*, I, a. 1850. déc. VIII. — Coll. Lac. t. III, col. 921.

parmi les catholiques par leur fortune, par leur autorité sur le peuple, par la place qu'ils occupent dans les assemblées législatives. »

2° *Les fidèles doivent s'efforcer par les différents moyens que le droit met à leur disposition de faire modifier la législation néfaste qui régit aujourd'hui les écoles publiques.*

Il est du devoir des citoyens d'obtenir par leur action incessante le maintien dans les lois des principes de justice et de religion ; il leur appartient de les ramener dans la législation quand ils en ont été chassés.

Pour arriver à ce but ils doivent d'abord se faire les agents d'une active propagande. Pie X rappelait, en 1905, ce moyen aux catholiques d'Angleterre, dans une lettre à l'archevêque de Westminster. Après avoir loué les évêques anglais du courage qu'ils avaient déployé pour revendiquer les droits des écoles catholiques, il ajoutait :

« Nous exhortons aussi chaudement les catholiques d'Angleterre à lutter pour ce très louable but, et Nous adressons cette exhortation surtout à ceux qui prêtent leur concours signalé en écrivant dans les livres et dans les journaux. Ceux-ci feront une œuvre très utile et très méritoire si — guidés par leurs évêques et mettant de côté toutes les questions d'intérêt privé et ce qui peut amener un dissentiment flagrant, — non seulement ils persévèrent, mais font des progrès quotidiens dans les défenses entreprises. »

Le bulletin de vote sera aussi une arme puissante et obligatoire aux mains des catholiques pour revendiquer les droits de la religion et de la justice en faveur des écoles. Rappelons à ce propos la lettre que Mgr Bourne, archevêque de Westminster, envoyait, au commencement de 1906, aux catholiques anglais au nom des évêques d'Angleterre :

« Cela ne fait pas partie des fonctions pastorales des évêques d'intervenir dans ce qu'on appelle généralement la politique, disait-il. Mais, de temps en temps, des questions se lèvent qui sont si intimement liées avec le principe religieux qu'elles ne peuvent être passées sous silence par les autorités de l'Eglise. Parmi ces questions est celle de l'éducation religieuse. Sur ce sujet, les évêques ont fréquemment, et en particulier dans une circulaire collective publiée en août dernier, exprimé leurs pensées, donné des instructions et adressé des exhortations aux fidèles. En vue des élections prochaines, ils désirent donner à leurs ouailles l'aide qu'ils peuvent. Dans ce but ils ont imaginé la question suivante qu'ils recommandent de poser aux candidats au Parlement : « Vous opposerez-vous, si vous êtes élu, » à toute entrave au droit des parents catholiques, » ainsi qu'il est maintenant garanti par la loi, d'avoir » leurs enfants dans les écoles primaires du pays con- » formément à leurs convictions religieuses?..... » Selon la réponse reçue, les catholiques pourront distinguer avec plus ou moins de sécurité les amis de l'éducation catholique de leurs adversaires. »

La propagande par les journaux, les tracts, les conférences, le bulletin de vote, tels sont les moyens que les catholiques ont à leur disposition pour remplir leur devoir vis-à-vis de la législation scolaire. Ces devoirs, les évêques français n'ont pas manqué de les leur rappeler en maintes occasions. En 1892, en particulier, les cardinaux, dans leur déclaration collective, après avoir rappelé les lois injustes qui ont été promulguées au mépris des droits de l'Église et spécialement la loi scolaire, ajoutaient :

« Les catholiques peuvent donc, sans paraître même s'ériger en adversaires de la République, et ils doivent en conscience les considérer comme mauvaises en elles-mêmes et injustes envers l'Eglise. Ils peuvent être dans la nécessité de les subir, mais les accepter jamais. Par conséquent, leur devoir est de travailler, par tous les moyens légitimes, à faire rapporter ces lois, ou tout au moins à en faire disparaître tout ce qui blesse la conscience catholique. »

3° *En attendant, les fidèles doivent exiger que la neutralité soit de fait observée dans les écoles.*

N'oublions pas que, d'après la loi même, les écoles doivent être neutres. Lors de la discussion de la loi du 28 mars 1882, M. Buffet posa au ministre de l'Instruction publique la question que voici :

« Je suppose une école où l'instituteur donnera un enseignement moral et civique contraire à la conscience des parents catholiques ; ceux-ci seront-ils obligés, oui ou non, par l'article 4, que nous discutons, d'y envoyer leurs enfants, s'ils ne peuvent les envoyer ailleurs ? »

Le ministre était alors Jules Ferry. Voici quelle fut sa réponse :

« Je vais avoir l'honneur de répondre à M. Buffet. Il me demande ce que fera le Gouvernement si l'enseignement neutre, qui doit être et rester neutre dans les écoles publiques, devient un enseignement irréligieux et contient des attaques contre la religion catholique, contre la religion de la majorité des élèves ? Ma réponse est très simple : le premier devoir du législateur qui institue l'école neutre, notre devoir à tous, le devoir du ministre et du Gouvernement qui feront appliquer cette loi, sera d'assurer de la manière la plus scrupuleuse et la plus sévère la neutralité de l'école. Si, par conséquent, un instituteur public s'oubliait assez pour instituer dans son école un enseignement hostile, outrageant, contre les croyances religieuses de n'importe qui, il serait aussi sévèrement et aussi rapidement réprimé que s'il avait commis cet autre méfait de battre ses élèves ou de se livrer contre leur personne à des sévices coupables. » (1)

La loi qui régit aujourd'hui l'enseignement est celle-là même qui était discutée ce jour-là au Sénat et dont le ministre de l'Instruction publique donnait en ces termes une interprétation authentique.

Par conséquent, tout enseignement contraire à la foi

(1) *Journal officiel*, Séance du Sénat du 16 mars 1882.

catholique et à la religion est rigoureusement interdit par la loi. Les instituteurs qui, violant la neutralité, font de leur école une école positivement mauvaise et irréligieuse commettent un délit, et il appartient aux citoyens et spécialement aux pères et aux mères de famille de les faire revenir au respect de la légalité, sinon de la justice. Nous ne saurions mieux faire que de citer sur ce sujet les paroles éloquentes que Mgr Touchet, évêque d'Orléans, adressait en 1904 aux catholiques du Nord et du Pas-de-Calais :

« A l'école officielle que nos enfants trouvent la neutralité religieuse vraie, c'est la loi. L'école officielle, d'après la loi, doit être neutre en religion.....

» Est-ce bien ce qui arrive? Ignorons-nous que souvent le spiritualisme est attaqué. « Dieu? — Il n'y a pas » de Dieu. — Les sanctions de l'au-delà? — Il n'y a pas » de sanctions de l'au-delà. » Celui que Pasteur adorait sous la coupole de l'Institut, un échappé de l'Ecole normale le nie devant une trentaine de gamins barbouillés, et il s'estime grand homme. Plus souvent c'est le catholicisme qui est contredit..... Ce sont autant de violations de la loi. Le remède est impossible, dira-t-on. Il est impossible qu'un maître demeure neutre..... Je reconnais que la posture sera difficile à garder; mais puisqu'elle est nécessaire, il faut qu'elle soit gardée. Que les préfets et les inspecteurs veuillent. Ils seront obéis.

» Soit. Et qui fera vouloir les inspecteurs et les préfets?..... Qui?..... Vous, dis-je, pères et mères. Signifiez vos exigences de neutralité, quand elles auront été oubliées. Retirez vos enfants de l'école si vos avertissements demeurent inutiles. Attendez ensuite le procès auquel vous expose la loi. On verra si vous serez condamnés. Vous ne le serez pas. Et qui de droit aura été prévenu efficacement. »

Signalons ici une initiative intéressante prise, en 1905, par les pères de famille du canton de Saint-Rambert, dans l'Aisne. Ces derniers ont fondé une association déclarée et régie par la loi de 1901, dans le but de « maintenir dans l'école le culte du patriotisme et des traditions

nationales et de faire observer la neutralité religieuse prescrite par la loi ». Cette association a produit déjà les plus heureux résultats, et il est à souhaiter que cet exemple soit imité (1).

Ajoutons enfin que si les fidèles ont le devoir de faire respecter la neutralité, cette obligation s'impose plus strictement encore à ceux qui, dans la commune, détiennent l'autorité municipale : à ceux qui, de par la loi, ont quelque pouvoir sur les institutions scolaires, ou qui, par leur situation, exercent une influence sur leurs concitoyens ou sur les membres de l'enseignement.

A côté de leur responsabilité individuelle, ces personnages ont en effet une responsabilité sociale et il leur appartient, par les différents moyens qu'ils jugeront à propos d'employer, de faire en sorte que la foi et les mœurs soient à l'abri de toute action corruptrice qu'ils peuvent empêcher.

CONCLUSION

Au moment où la lutte scolaire était ardente en Belgique et soulevait dans le peuple de magnifiques élans de foi et de générosité, un chant populaire composé pour la circonstance et qui répondait admirablement aux sentiments de tous fut en quelque sorte le cri de guerre de cette campagne :

« Ils ne l'auront pas l'âme si belle de l'enfant : ils ne l'auront pas tant qu'en Flandre restera un seul Flamand.

» Ils ne l'auront pas l'âme si belle de l'enfant, en

(1) Voir sur cette intéressante et heureuse initiative un article publié dans la *Quinzaine* du 1er février 1906 par M. le comte Henry de Boissieu, sous le titre : *Pour la protection de la neutralité scolaire*, et un autre publié dans le *Gaulois* du 1 avril 1906, par M. Georges Goyau, sous le titre : *La Garde civique de l'école*.

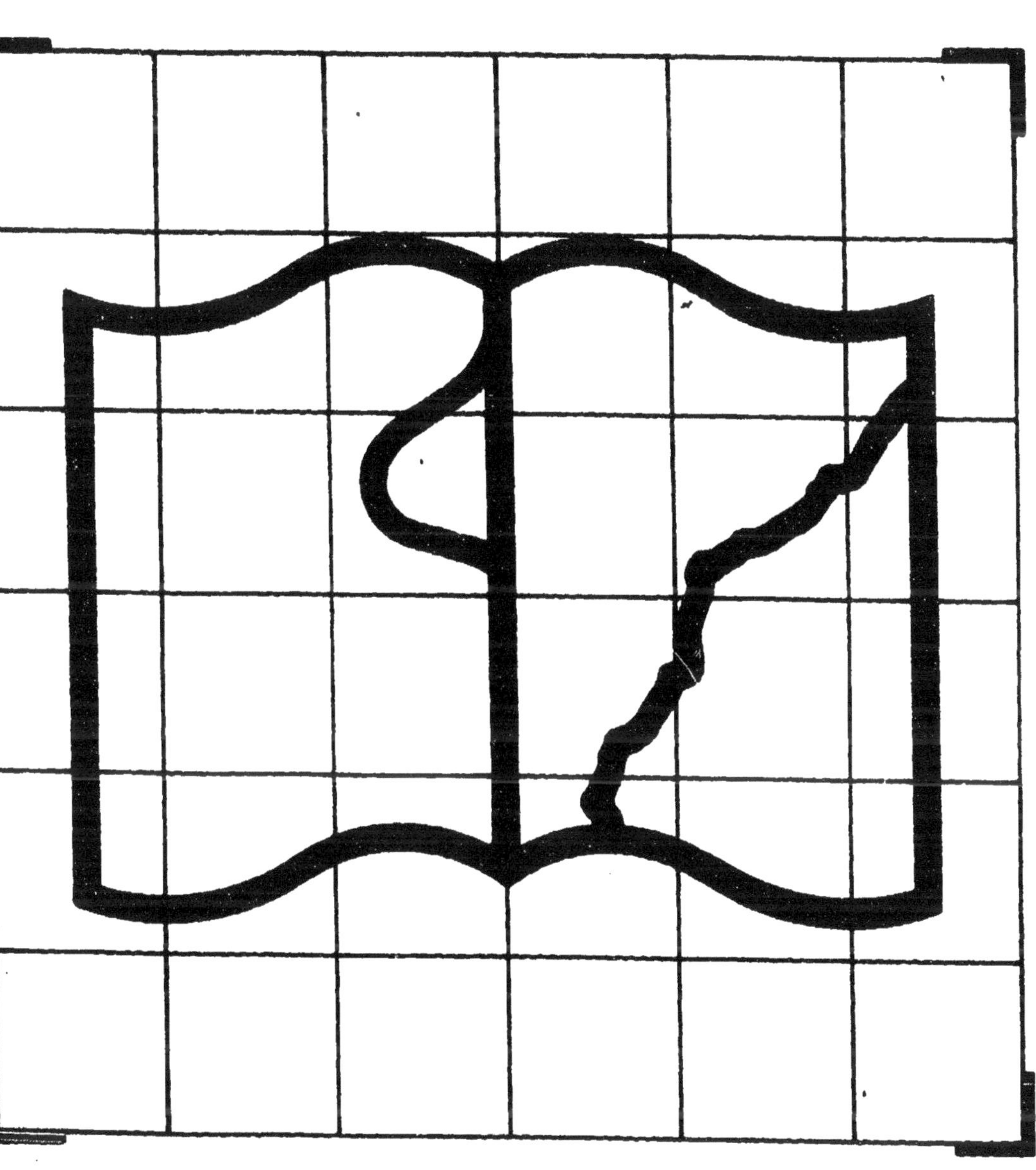

dépit des ruses infernales des gueux qui nous gouvernent par la terreur; ils ne l'auront pas, aussi longtemps que le cher soleil de Dieu brillera sur la Flandre, aussi longtemps qu'il restera un liard dans notre bourse.

» L'enfer est déchaîné; l'école est un champ de bataille; elle s'efforce d'arracher à l'Église les âmes des petits. Mais nous, catholiques flamands, nous ne supporterons jamais ce brigandage: nous sommes les fils des héros qui sont morts pour la foi!

» Nous périrons s'il le faut, mais perdre la foi, jamais! »

Les catholiques français doivent actuellement s'inspirer de ces nobles sentiments. Grâce à l'école irréligieuse la foi a été ruinée dans des milliers de jeunes âmes et nous voyons grandir des générations d'impies qui font courir le plus grand danger à l'Église de France. Devant ce péril qu'on ne saurait trop exagérer, des obligations graves s'imposent aux prêtres et aux fidèles. L'auteur de ces lignes a voulu simplement dégager ces devoirs d'après la doctrine de l'Eglise. Il demande à Dieu de bénir ce travail et de permettre qu'il ne soit pas inutile dans cette croisade qu'il est nécessaire d'entreprendre ou de continuer avec vigueur pour sauver l'âme de l'enfant.

BIBLIOGRAPHIE

Acta Sanctæ Sedis. — *Acta et Decreta Sacrorum Conciliorum recentiorum* (*Collectio Lacensis*). — *Acta Ecclesiæ Mediolanensis.* — *L'école neutre en face de la théologie*, par deux prêtres. — *Les écoles neutres* (Brochure publiée avec l'*Imprimatur* de Mgr l'évêque de Mende). — Dom Benoit, *Les Erreurs modernes.* — Allain, *L'Instruction primaire en France avant la Révolution.* — Allain, *L'Église et l'Enseignement populaire sous l'ancien régime* (Collection *Science et Religion*). — Verhaegen, *La Lutte scolaire en Belgique.*

764-06. — Imprimerie P. Feron-Vrau, 3 et 5, rue Bayard, Paris.

'OLOGÉTIQUE CONTEMPORAINE

ʀochures apologétiques sur les grands sujets d'actualité.

COLLECTION A 0 FR. 25

Cette collection, très documentée, intéressante et bon marché, doit être répandue par centaines dans les réunions publiques, les fêtes paroissiales, les missions. Les foules se meurent d'ignorance religieuse; elles n'ont pas le temps de lire les livres; il faut les instruire par la brochure.

Pourquoi faut-il croire en Dieu? *Réponse de la science,* par D.-L. de Saint-Ellier, 32 pages.

Dieu existe : *Les grands témoignages,* par le chanoine Lenfant, curé de Saint-Antoine des Quinze-Vingts, à Paris, 56 pages.

La Providence : *Dieu s'occupe-t-il de nous?* par D.-L. de Saint-Ellier, 48 pages.

L'Ame humaine, par le chanoine Lenfant, curé de Saint Antoine des Quinze-Vingts, à Paris, 80 pages.

L'Immortalité, par le chanoine Lenfant, curé de Saint-Antoine des Quinze-Vingts, à Paris, 80 pages.

Les Origines de la Vie, par D.-L. de Saint-Ellier, 64 pages.

La Peste antireligieuse. *Réponse à la « Peste religieuse »* de l'Allemand Jean Most, par D.-L. de Saint-Ellier, 48 pages.

Notre-Seigneur Jésus-Christ, par le chanoine Lenfant, curé de Saint-Antoine des Quinze-Vingts à Paris, 64 pages.

Valeur historique de l'Évangile, *au point de vue de la science et de la critique moderne,* par le P. Lodiel, professeur de philosophie, 48 pages.

L'Indifférence religieuse, par l'abbé Hugon, 64 pages.

Pourquoi ne peut-on pas se faire protestant? par l'abbé A. Pireyre, 60 pages.

Le Miracle, *à propos des guérisons de Lourdes,* 56 pages.

Les Congrégations religieuses en France, par le chanoine Lenfant, curé de Saint-Antoine des Quinze-Vingts, à Paris, 32 pages.

La Pauvreté religieuse, *réponse à de récentes attaques,* par le P. H. Guillermin, des Frères Prêcheurs, doyen de la Faculté de théologie de Toulouse, 48 pages.

Chaque brochure, **0** *fr.* **25;** *port,* **0** *fr.* **05.** *Remises sur les quantités : 7 pour 6, 15 pour 12, 70 pour 50, 130 pour 100.*

5, RUE BAYARD, PARIS, VIIIe.

www.ingramcontent.com/pod-product-compliance
Ingram Content Group UK Ltd.
Pitfield, Milton Keynes, MK11 3LW, UK
UKHW012051240726
13965UKWH00003B/1215